"教育から学習への転換"のその先へ

Unlearningを焦点に大学教育を構想する

景井 充・杉野 幹人・中村 正 共著

文理閣

まえがき ―― 本書のテーマ

　2016年3月5日（土）・6日（日）、大学コンソーシアム京都の主催による「第21回FDフォーラム 大学教育を再考する ～イマドキから見えるカタチ～」が、京都外国語大学を会場として開催されました。本書は、2日目の6日（日）に催された全13分科会の中で、筆者がコーディネーターを務めた第8分科会での報告と質疑を出版向けに整え、公刊するものです。

　第8分科会の報告者は、立命館大学産業社会学部教授中村正氏、世界的なコンサルティング会社A.T.カーニーのマネージャーにして東京農工大学工学部特任教授杉野幹人氏、そしてコーディネーターを務めた筆者の3名でした。中村教授は社会病理学・臨床社会学の専門家で、DVや虐待など暴力を振るう加害者側の“脱暴力”を支援するさまざまな実践的活動にも取り組んでいらっしゃいます。杉野氏は、日本を代表する多くの企業の経営陣に対するコンサルティング業務の最前線で、経営判断の支援に多忙な日々を送っていらっしゃいます。暴力を“学習されたもの”と捉え、そこからの解放 ＝「アンラーニング」を実現しようとされている中村教授と、2014年の著作『使える経営学』（東洋経済新報社）において、経営者にとって「アンラーニング」が持つ厳しくも創造的な意義を説いていらっしゃる杉野氏をお迎えし、大学における「教育」活動の改善を目的とするFDフォーラムで「学習」をテーマに据え、しかも耳

慣れない「アンラーニング」を主題に取り上げるという、少しばかりユニークな分科会を開催することとなりました。

　さて、分科会のテーマですが、この分科会企画をご案内するためにフォーラムのパンフレットに載せて頂いた文章をご覧いただきましょう。

「教育から学習へ」のパラダイム・チェンジとFD
── 〈Unlearning〉を焦点に ──

　知識基盤社会は、競争的状況の中で知識やその枠組みが急速に陳腐化し、不断に更新され続けることを大きな特徴とする。高等教育において、〈Learner-centered Teaching and Learning〉へのパラダイム・チェンジが提案され、多様な〈Active Learning〉が注目され試行されている所以が、ここにある。他方、格差社会の深刻化や縮小社会化を初めとして、解決すべき社会的諸課題が山積する中、課題解決を目指すイノベーションやデザイン思考、CSRの先の〈Creating Shared Value〉といったテーマが人々の関心を集めている。

　そこで本分科会では、創造的知性を育成する教育活動を開発することこそ今後の高等教育活動における最重要課題であると考え、経営学の組織学習論に出自を持つ《Unlearning》を取り上げる。《Unlearning》がどのように"知性の可動域"を拡大し、「知」それ自体を内発的に自己更新していく創造的学習プロセスであるかについて基本的認識を獲得し、FD活動を含めた今後の高等教育の方向性をそこから逆照射することを試みたい。

　字数の都合でかなり圧縮した文章になっていますので、少々説明

が必要かと思います。分科会のコーディネーターをお引き受けし、この文章を作成した際に筆者の念頭にあったものを4点、記してみたいと思います。

第1点目。まず、東西冷戦の終結に端を発して全世界的規模で始まった広範なグローバリズムの進展・深化に日本社会はどのように対応するのか、という問題でした。とりわけ、バブル経済とその破綻、リーマンショック以降の失われた数十年間に進められた新自由主義的構造改革によって出現したいびつな社会を、私たちはこのまま是認するのか。そして喧伝されるようになった知識基盤社会の到来と地球的規模での危機の数々には、どう対処すればよいのか。不透明化し不安定さを増す国際的状況においてモデルを失った中で、世界的な新自由主義化に同調して競争優位を獲得することが、日本社会の持続可能性と日本に暮らす人々の幸福を約束する最善の策なのだろうか、という疑問です。

次いで第2点目。また並行して国内的には、たとえば少子化・高齢化の一層の進行に起因するさまざまな社会的諸問題の解決に今後どのように取り組むのかという課題に、私たちは際会しています。人口の継続的な増加を想定して作られてきた戦後日本社会の"経済成長"システムが、すでに始まっている急激な人口減少と未曾有の高齢化に合わせて再設計・再編成されなければならない状況の中で、それをいかにして実現するのか、という問題意識が生まれてきます。

そして第3点目。大学に目を向けると、国内外のそうした厳しい状況を今後半世紀以上にわたって生きていくのは、まさに目の前にいる学生たちです。この学生たちにこれからの大学教育の場で何を提供すべきかを模索していた中で、旧来のcatch-up型・知識注入

型の「学習」から、時間的・空間的・状況的諸制約を踏まえた「最適解」を生み出す創造的・生産的な知的能力を訓練する「学習」活動への転換が、まさに大学においてこそ果たされなければならず、そうした転換に「アンラーニング」は大いに貢献し得ると考えるに至りました。ready-madeの「正解」がない状況の中で、創造的な課題解決を果たすことのできる知性の訓練を提供することこそ、大学における「学習」活動における"本体業務"になるべきものと考えるようになったわけです。

　最後に4点目。第3点目のテーマは「学習の転換」と言えるものですが、これは当然ながら「教育の転換」を要請することになります。国内外の状況変化に対応しながら人々の福祉の増進を実現していくためには、「上からの近代化」の枠組みの中にあり続け、またその一部をなし続けてきた注入型・複写型の教育活動ではなく、学生に対して既存の枠組みを超えていく創造性を要請し養成する教育活動が開発されなくてはなりません。アクティブラーニングの導入が盛んに提唱され試みられていますが、その先には"クリエイティブ・ラーニング"が構想され具体化されなければならないと、教育現場にいる中で考えるようになっていました。そうした観点からは、次世代型のFDは、"教える側の論理"に立ってこれを学習者に押し付けるのでは全く不十分で、誤ってすらいるのであり、そうした「学習の転換」に応じた活動に転換しなければならないと、不遜にも考えていたわけです。

　中村教授、杉野マネージャーの仕事に触れる機会があったのは、そうした思案を巡らせていた中でのことでした。第8分科会は、「アンラーニング」をそれぞれの"現場"で自他双方に対して日々実践し、その意義と可能性を高く評価しておられるお二方をお迎えして

催すこととなりました。

　本書は、当日の報告に各自大幅に手を入れ、原稿に仕立てたものです。文体や分量に違いがあるのは、それぞれの個性としてお許しいただければ幸いです。当日の報告順のままに、景井、杉野マネージャー、中村教授の順で、"Unlearning"をめぐる経験や思索、そして提案を展開しています。フォーラム開催当日に会場で頂いたたくさんのご質問の中で、各自がお答えしておくべきと考えた2・3件のご質問について取り上げ、「補論」として添えました。併せてこれまた各自の関心から、理論的・実践的にお役に立てていただけるような文献を紹介しております。それではどうぞ、最後までお付き合いをお願いします。

（景井　充）

目　　次

まえがき ―― 本書のテーマ　*3*

第1章　大学における「学習の転換」
"Learning Innovation" を実現するために

景井　充

はじめに　*12*

1. Unlearningとの出会い　*13*

2. 知識基盤社会における大学教育のありかた
　　―― 〈教育から学習へ〉というパラダイム転換　*25*

3. 社会的課題の山積・質的転換と大学教育のこれから
　　―― 脱 "学校化" に向けて　*29*

4. "Unlearning" の意義　*35*

5. 「学習学」の提案　*39*

　補論：質疑応答　*42*

　文献紹介 ―― 創造的な学びの技法としてのUnlearning　*48*

第2章　経営の実務におけるアンラーニングの必要性

杉野　幹人

はじめに　*50*

1. 経営学は経営の実務にどう使えるのか？　*51*

2. ケーススタディ：どのようにして積載幅の問題を解決するか？　*54*

3. 新しい局面での問題解決で求められること　*59*

4. Unlearningができているかの見極めの質問　*61*

5. 経営の実務における Unlearning の促し方　　62

6. Unlearning における大学のかかわり方　　65

7. リカレント教育における Unlearning の重要性　　73

おわりに　76

　　補論：質疑応答　　77

　　文献紹介 ── ビジネスの Unlearning に役立つ文献紹介　　81

第3章　教育から学習へのパラダイム・チェンジ
「アンラーンUnlearn」を焦点にした実践をもとにして

中村　正

1. アンラーン unlearn という言葉に出会う　　84

2. 社会のなかでの学びを組織する
　　──「NPO スクール」におけるアンラーンの試み　　93

3. 人間科学分野での新しい学びの組織化の経験
　　── 対人援助学の創造をとおした専門職のアンラーン　　106

4. 実践知のアンラーン
　　── 省察する専門人はアンラーンが必要　　116

5. 自己のなかに「学びの理論」を構築すること
　　── 創造力の源としてのアンラーン　　125

6. 持続するアンラーン　　142

　　補論：質疑応答　　145

　　文献紹介 ── アンラーン理解のための文献紹介　　151

あとがき ──"内破"を興すために　　152

著者紹介　　172

第1章

大学における「学習の転換」

"Learning Innovation" を実現するために

景井　充

はじめに

　現在、「教育から学習への転換」というテーマは、高等教育のあり方をめぐって世界的な課題となっています。私は、この「教育から学習への転換」というテーマは、「"従来の教育"から"従来の学習"への転換」ではなく、「新たな教育への転換」と「新たな学習への転換」である必要があると考えます。そして、「新たな学習への転換」というそれ自体困難な課題に十全に応えることによってこそ、「教育から学習への転換」というテーマを現実化することができるものと考えています。10年以上前から、さまざまな学習理論が検討され、また様々な教育・学習の手法が試行されており、実践的で有意義な経験の蓄積が進んでいる一方で、新自由主義的自己責任論に同調するようなロジックを持ち、究極的には「教育」活動を免責して生徒・学生による「自学自習」に行きつくような議論も見られます。しかしながら、わが国における「教育から学習への転換」は、長く続けられてきた権威主義的管理教育における知識注入型教育活動という枠組みを解体し、創造的知性を陶冶する教育・学習活動を開発するという転換、すなわち「新たな学習への転換」から開始されるのでなければなりません。これまでの権威主義的管理教育における知識注入型教育活動をそのままにして「教育」と「学習」を切断し、「主体的学習」といった言葉を名分にしてかえって知識注入型学習活動に拍車をかける新自由主義的なやり方は「教育から学習への転換」を実現する方法では決してないと、私は考えています。むしろ、とりわけ大学においては、創造性・生産性を核として、教育活動も学習活動も転換されねばならないというのが、私の基本的な見解です。

第1章　大学における「学習の転換」

　私は、したがって本稿では特に、「新たな学習への転換」に関心を集中して議論してみたいと考えています。そして、「新たな学習への転換」を"Learning Innovation"と呼びたいと考えていますが、この"Learning Innovation"はなぜ起こされなければならないのか、何を成果として手に入れることが期待できるのかについて、検討の俎上に載せてみたいと思います。

1．Unlearning との出会い

　まず、そもそも私が"Unlearning"に強い関心を持つに至った契機と問題意識に言及しておきたいと思います。この分科会を開催するうえでのベースとなったものだからです。

　さて、私が"Unlearning"という言葉とそれが持つ積極的意義に初めて出会ったのは、2012年6月23日に立命館大学朱雀キャンパスで開催された、国庫助成に関する全国教授会連合の公開講演会で、中村正先生の講演に対するコメンテーターを務めた時でした。「私学論の再構築 —— 多様化のなかで改めて考える社会的役割と可能性 ——」と題する講演の冒頭、中村先生は自己紹介の中で、対人暴力研究の中で"Unlearning"に出会われ、これを暴力研究や実践的な司法臨床・加害者臨床活動のなかで大きな柱とし、ご自身の社会臨床論・社会病理学の構築を進められていることを語られました。中村先生の暴力研究の特徴は、暴力行為の当事者つまり加害者側の"脱暴力"を支援し実現することにあるのですが、その際のポイントは「VIOLENCE IS LEARNED, IT CAN BE UNLEARNED」という考え方に立脚していることです。つまり、"暴力は先天的なものではなくて後天的に学習したものだからやめることが可能だ"

という構成主義の考え方です。腰が浮くようなワクワク感が湧き立つのを感じたことを思い出します。

ところで、"先天的なものではなく後天的に学習したもの"は、本能に依存して生きる度合いの低い私たち人間にあっては、私たちの個人的・社会的生活の大半を占めます。とすれば、「IT CAN BE UNLEARNED」は、暴力にのみ妥当するのではなく、原理的には、後天的に学習したことすべてにあてはまる可能性を考えてみることが許されるでしょう。私たちは家庭や学校そして社会でいろいろなことを教わります。しばしばそれは「正しいこと」として教わり、従えと教わり、違背すれば罰が与えられると教わります。中村先生の指摘はさしあたり「暴力」という破壊的な反社会的行為に向けてなされているわけですが、同時に、世の中で「正しいこと」がしばしばそうでないことも、実は私たちの"常識"ですらあるわけで、そうした「正しいこと」に対して距離を取ることは、周知の通り、社会生活を営む上で極めて重要な実践的能力でもあります。

そして、そうした知的・精神的態度は、社会学という学問の中心的な構成要素を成してもいます。例えば見田宗介さんは、『社会学入門：人間と社会の未来』（岩波新書）の中で「自明性の檻」という言葉を使い、"あたりまえ"をあえて"あたりまえではないもの"と見てみることで、物事を自明視し思考停止している状態から抜け出し、人間と社会の可能性について考える想像力の翼を手に入れることができると説いていますが、中村先生の講演の中で出てきたこの"Unlearning"という言葉は、社会学の根幹にあるそうした方法的な知的・精神的態度におおいに通じるものがあるという印象を受けました。"脱自明性""脱常識"は社会学の世界では常識といってよいくらいのテーマですが、なかなか社会学の枠を出ていくことの

ないものでもあります。ところが、"脱学習"とも訳されるこの"Unlearning"は、まさに「学習」という知的営為に関わり、「学んだこと」からの解放と自由の獲得を指し示しています。私の頭の中で、社会学の"脱自明性""脱常識"と"Unlearning"がシンクロしました。そして、社会学のいう"脱自明性""脱常識"が持つ知的・精神的解放力と実質的に同じか、少なくとも近似する知的・精神的経験を、より広く「教育」と「学習」活動全般において提供することのできるポテンシャルを、この言葉に感じたのです。

"Unlearning"について論じたり言及したりしている文献や論文を探し始めて、ほどなくして衝撃的な著作に出会いました。『失敗の本質』(中公文庫)です。この著作は、旧日本軍の敗因を組織論的観点から分析することをテーマとしていますが、上述のような関心からこの著作を紐解いた私には、十分すぎる衝撃を与えるものでした。それを端的に知って頂くために、この著作にインスパイヤされて京滋私大教連(正式名称:京滋地区私立大学教職員組合連合)の機関誌に寄稿した文章をそのまま転載したいと思います(読みやすくするために漢数字をアラビア数字に変えています)。前編は2012年10月、後編は2012年11月に掲載されました。

大学はいかなる社会的存在であることを目指すのか（前篇）
—— いまこそ「脱学校化」を目指そう ——

ある東大生の発言

今年度前期のある授業の中で、実に興味深いエピソードを紹介してくれた学生がいた。東京大学のある教授が、パワーポイントを使いながらいくつかの課題を学生に投げかける授業をしたところ、学生の一人が、「板書を書かず、答えのない問いを

投げかけるのは手抜きだ。教科書の問題を板書し、正解を導き出すのが授業だ」とクレームをつけたというのである。いわゆる"都市伝説"の気配も濃厚なのだが、どこか現実感を伴っているのも確かだなという感触は、日常的に大学生に接している大学関係者には、多かれ少なかれ共感してもらえるのではないかと思う。世紀の変わり目あたりから、「学問」「研究」とは異次元の「大学」との関わり方が、改めて急速に大学生の間に深く広がってきたと感じているのは、私だけではあるまい。

日本的「学校化社会」の今日的状況

　私見によればそれは、かつて1980年代を中心に注目を集めた「学校化」現象の今日的深化である。「学校化」現象は、イリイチが Deschooling society（1971、邦訳『脱学校化社会』1977）などで指摘したもので、「教われども学ばず」という一文に事態が集約されていると言われるように、「学校」における管理主義的で受動的な知的訓練だけを「学び」とみなしてしまうことによって、知性も精神も「学校」への受動的依存を深め、主体性や創造性の喪失と生活世界の矮小化を深刻化させていく事態である。そこでは当然、知性と精神の自立／自律性も、「学校」の外にある社会的リアリティとの接触や応答関係も失われていくこととなる。

　自身のことを「学生」ではなく「生徒」と呼ぶ大学生が増える一方なのは象徴的であるし、大学から職業への移行に際して現出する困難の一つの要因として「学校化」が強く作用していることは、おそらく間違いない。

社会的制度空間の逆説

「学び」が「教育」にすり替えられて公的な「学校」が教育／学習的価値を独占する状態が生じることを厳しく批判することを通じてイリイチが提示したのは、より一般的には、そのように社会的「制度」が「価値」を独占する状態、つまり「価値の制度化」が生じ、「制度」の高度化とは裏腹に、「制度」に対する依存性の昂進によって“価値の空洞化”（教育分野であればさまざまな「資格」への傾斜など）が起こってしまうという事態であった。「価値の制度化」は日本社会のあらゆるところで起こっており、これが日本社会に閉塞状況をもたらしているわけだが、教育の世界に戻れば、学びにおける主体性や創造性の空洞化が起き（近年の学生の講義出席率の高さと学習時間の少なさとのギャップ！）、大学生世代の退嬰化がもたらされるという、極めて嘆かわしい逆説的現象がまさに今起こっているのである。

刈谷剛彦『大衆教育社会のゆくえ』（1995）によれば、学歴社会は日本社会では「生まれ変わり」のチャンスとして機能してきたとのことである。実際、とりわけ大学は日本的階層社会 ―― 社会意識のレベルでは身分制的性格をなお顕著に遺していると思うが ―― の中で、単なる社会的上昇のための手段というよりは、帰属階層の変更を上方に向けて可能とするほとんど唯一の公的資源として、機能してきた。我が国において“学歴社会”が生じた理由はまさしくここにあるわけで、「学校化」はむしろ必然的であったというべきかもしれない。冒頭に登場してもらった東大生は、そうした“学歴社会”のまさに嫡子なのだと言ってよい。「学校知」（とりわけその暗黙知）が彼の知

のすべてと化している。我が国における「大衆教育社会」の成立つまり「学校化」は、そのようにして深化の道を一途にたどってきたのである。

大学のポテンシャルとは

中央教育審議会大学分科会大学教育部会が、審議まとめ文書を『予測困難な時代において生涯学び続け、主体的に考える力を育成する大学へ』（本年3月26日）などと題さねばならないような、複雑かつ新たな客観的状況が存在していることは、この審議まとめに記された内容の妥当性は別として、我々もよく知るとおりである。そして、そうした客観的状況への対応や諸困難の打開が、この審議まとめも示しているような、新自由主義化の進む経済社会への大学の下請け的包摂や、単位制度を厳格化して学生の学習時間を初等・中等学校と同じ手法で増やす（半期15週の厳格化！）などという小手先の対策によってでは実現できないことは、火を見るより明らかである。FDの安易な義務化も、キャリア教育のゴリ押しの導入も、然りである。いずれの施策も、研究・教育機関としての大学の社会的ポテンシャルを存分に発揮させるものではまったくない。

現在の大学改革は、大学教育の危機の原因を「大学教育の大衆化」や「ユニバーサル段階」などに求めていて、「学校化」「価値の制度化」の逆説に対してまったく盲目であるが、日本的"学歴社会"の逆説的構造を解体するレベルに及ばない大学改革など、今日的状況においては端的に無意味である。

グローバリズムの進展する現在の客観的状況の中で、身分制的な大衆教育社会を存続させ、淘汰と排除を深刻化させる保守

的構造の一部である限り、大学はその本来のポテンシャルを存分に発揮することはできない。大学の存在意義は詰まるところ「研究活動」にあるが、「研究活動」こそは未知への挑戦と批判的創造とをその本質とするものであり、その意味で大学は「未来創造工房」なのである。若い世代に今こそ伝えるべきは、身分制的階層社会における上昇と保身の術ではなく、未知への挑戦と批判的創造の醍醐味である。このことを組織的かつ自由に遂行して"価値の空洞化"を突破することができるのは本質的に大学のみであり、今日的状況はむしろ好機というべきである。

　このことを踏まえ、私たちはいかにして今日的状況に創造的に臨むか。後編で論及してみたい。

大学はいかなる社会的存在であることを目指すのか（後篇）
──「学習」の転換こそ最重要課題 ──

「学習」の政策対象化

　前篇で記した中教審大学分科会大学教育部会の審議まとめ（3月26日）を受け、早くも4月28日に「大学教育改革地域フォーラム」の初回が開催された。10月末時点ですでに14回に及ぶ。学生の"主体的学習"の強化を政策対象に据えたことを文科省は並々ならぬ姿勢で示しつつあり、大学や教育産業が催すシンポジウムやフォーラムなどでも頻繁にテーマ化されるようになった。この間、『新たな未来を築くための大学教育の質的転換に向けて〜生涯学び続け、主体的に考える力を育成する大学へ〜』と題する答申（8月28日）が取りまとめられた。これが強力な政策的圧力となって今後の大学教育改革の方向を大きく

決定づけていくことは必定である。

しかし、"主体的学習"の強化が新自由主義的個人責任論を大学教育へ流し込む水路と化し、教育の私事化を深刻化させていく状況が必ず生じる。また、ユニバーサル化や大衆化への対応が大学教育の中等教育化をもたらし、「価値の制度化」による"価値の空洞化"現象が一層深刻化することが強く懸念される。学生の「学習」が政策対象化されるという状況にあって、高等教育における「学習」とは何かについて、とりわけ大学人自身による主体的かつ創造的な議論が、今こそ必要である。

「学習」とはいかなる行為か

そうした議論に資するために、ここで『失敗の本質』（1984）にヒントを求めてみたい。この著作で野中郁次郎氏らは、太平洋戦争における日本軍の敗北を組織論の観点から分析解明することを試み、「自らの戦略と組織をその環境にマッチさせることに失敗した」（p.343：以下すべて中公文庫版の頁数）ことが敗因だと結論付けているが、教育に携わる者の関心を最も強く惹くのは、「大東亜戦争中一貫して日本軍は学習を怠った組織であった」（p.326）ことが、なかでも決定的な敗因だったという指摘である。

『失敗の本質』の白眉は次の件である。「学習理論の観点から見れば、日本軍の組織学習は、目標と問題意識を所与ないし一定としたうえで、最適解を選び出すという学習プロセス、つまり「シングル・ループ学習single loop learning」であった、しかし、本来学習というのはその段階にとどまるものではない。必要に応じて、目標や問題の基本構造そのものを再定義し変革

第1章　大学における「学習の転換」

するという、よりダイナミックなプロセスが存在する。組織が長期的に環境に適応していくためには、自己の行動をたえず変化する現実に照らして修正し、さらに進んで、学習する主体としての自己を作りかえていくという自己革新ないし自己超越的な行動を含んだ「ダブル・ループ学習double loop learning」が不可欠である。日本軍はこの点で決定的な欠陥を持っていたといえる」（p.332：傍点は以下すべて引用者）。

　高等教育における"主体的学習"は今後、「シングル・ループ学習」次元のそれを超え、「必要に応じて、目標や問題の基本構造そのものを再定義し変革する」ことを訓練するものとならなければならない。学習時間の確保という量的側面に偏した圧力などによって、高等教育をむしろ中等教育化してはならない。旧日本軍のレベルを超えて未来を創造するためには、強力に推進されている「質保証」施策の、「学習する主体としての自己を作りかえていくという自己革新ないし自己超越的な行動」を「シングル・ループ学習」次元にすり替えて学生たちに迫る動向を、徹底的に超えていくのでなければならない。

「学習棄却」とは何か

　旧日本軍の轍を踏まぬために、高等教育レベルの「学習」においてこそ最も重要な要素が、「学習棄却」である。「帝国陸海軍は戦略、資源、組織特性、成果の一貫性を通じて、それぞれの戦略原型を強化したという点では、徹底した組織学習を行ったといえるだろう。しかしながら、組織学習には、組織の行為と成果との間にギャップがあった場合には、既存の知識を疑い、新たな知識を獲得する側面があることを忘れてはならな

い。その場合の基本は、組織として既存の知識を捨てる学習棄却unlearning、つまり自己否定的学習ができるかどうかということなのである。そういう点では、帝国陸海軍は既存の知識を強化しすぎて、学習棄却に失敗したといえるだろう」(p.369)。「日本軍の最大の失敗の本質は、特定の戦略原型に徹底的に適応しすぎて学習棄却ができず自己革新能力を失ってしまった、ということであった」(p.395)。

　「学習棄却」という独特の学習活動こそ、「ダブル・ループ学習」を遂行するうえでの、決定的契機に他ならない。教育が権威主義的・中央集権的統治と深く結びつき、和魂洋才型のCatch-Upを実は根深い伝統とする我が国は、時宜に応じてCatch-Upの対象を取り換え「シングル・ループ学習」にその都度精励しこそすれ、主体的な「学習棄却」によって「学習」のあり方それ自体を立体化するという経験に乏しい。大学教育における「学習」もまた決してその例外ではない。しかし、急速な少子化高齢化をはじめとする人類未経験の社会的状況への対応に臨んで、「昭和システム」を「学習棄却」してその閉塞状況を相対化し、「シングル・ループ学習」レベルから学生達の知性を解き放って新たな社会システムの構築に向かわせることは、まさしく喫緊の課題である。

そして、大学の社会的存在意義とは

　大学教育が今日的状況において「未来創造工房」の任を担うためには、学生たちの創造性を最大限に陶冶する教育活動を中軸に据えることが必要だ。「ダブル・ループ学習」——研究活動の本来的任務 —— をこそ、高等教育は提供するのでなくて

はならない。次世代に対して、大学教育は、それ自身として「学習棄却」や「ダブル・ループ学習」を遂行して民主的社会の創造に寄与するとともに、身分制的な制度依存心性を生産し続ける日本的「学校化」状態から学生達を離脱させ、新たな価値を創造する知的・実践的基礎トレーニングを行うのでなければならない。前篇冒頭で触れた東大生のような「シングル・ループ学習」の権化を大量生産することが大学教育の任務ではない。今こそ、「学習」の転換を通じて高等教育の社会的存在意義を明らかにしよう。高等教育も日本社会も、「前動続行」（p.332）のうちに破滅へと突き進んだ海軍の愚昧を繰り返すわけにはいかないのだ。

　私の問題意識は、上述の通り、「教育から学習への転換」を実現するためには、「教育の転換」にむしろ先立って「学習の転換」が果たされなければならないという点にあります。大学における教育活動のウェイトを「教育」から「学習」に移し、アクティブラーニングが隆盛を極める状況が生まれたとしても、「学習」が従来の「被教育」（シングル・ループ学習）活動の枠にとどまる限り、「学習」活動はその根本において創造的活動とはならないからです。それは、「学習」活動が「教育」する側によってあらかじめ強力にアレンジされており、そこで求められていることが、端的に言えば、「教育」された事柄をコピーすることだからです。
　「必要に応じて、目標や問題の基本構造そのものを再定義し変革する」という、問題設定やその前提を反省的検討の対象とするとともに、併せて「自己の行動をたえず変化する現実に照らして修正し、さらに進んで、学習する主体としての自己を作りかえていくという

自己革新ないし自己超越的な行動」を状況に応じて遂行する「学習棄却unlearning、つまり自己否定的学習」によってこそ、学習者は「学習」を通じて成長を遂げていくことができるのだと思います。「学習」活動が人を成長させることができるのは、「学習」活動の中に「自己否定」「自己超越」「自己革新」という契機が組み込まれている限りにおいてであり、これを学習者がその能力の限りを尽して遂行する限りにおいて、です。客観的状況との応答や問題設定それ自体への批判的検討のないまま、学習者が従順に「被教育」の立場や態度にとどまることによって、またとどまらせることによって、「自己否定」「自己超越」「自己革新」を素通りし、「学校化」状況に学習者は幽閉されてしまうのです。他方、「自己否定」「自己変革」「自己超越」という契機を素通りする「学習」活動は、教育の世界にも消費主義が蔓延している現下の社会状況を鑑みれば、むしろ学習者側で根無し草的ナルシシズムを強化するだけという悲劇をもたらすでしょう。そうした事態は、いまや実際に日常的現実です。佐藤学さんがかつて指摘した「学びからの逃走」は、今や大学においても日常的状況となっており、ナルシスティックな自己肯定や「やりたいこと」主義が学生の間に蔓延しています。「学習」活動を、馴致の方略からも、幼稚なナルシシズムからも解放し、創造性を核とする人間的成長の営みに転換することこそ、これからの大学教育が日々の営みにおいて実現を目指すべきものであると私は考えており、今後この "Unlearning" を重要な契機とする「"Double Loop Learning" への学習の転換」というテーマを「ラーニングイノベーション "Learning Innovation"」と呼びたいと考えています。

　では、なぜこの "Learning Innovation" を実現しなくてはならないのかを、以下で考えていきたいと思います。

第1章　大学における「学習の転換」

２．知識基盤社会における大学教育のありかた
── 〈教育から学習へ〉というパラダイム転換

　「知識基盤社会」という社会認識は、中央教育審議会が2005年に
まとめた答申「我が国の高等教育の将来像」で提示されたものです。
長くなりますが、第1章第1節を引用してみます（下線は引用者）。

　　1　今後の社会における高等教育の役割
　　○21世紀は、新しい知識・情報・技術が政治・経済・文化をはじ
　　　め社会のあらゆる領域での活動の基盤として飛躍的に重要性を増
　　　す、いわゆる「知識基盤社会」(knowledge-based society) の時
　　　代であると言われている。
　　○「知識基盤社会」の特質としては、例えば、1．知識には国境が
　　　なく、グローバル化が一層進む、2．知識は日進月歩であり、競
　　　争と技術革新が絶え間なく生まれる、3．知識の進展は旧来のパ
　　　ラダイムの転換を伴うことが多く、幅広い知識と柔軟な思考力に
　　　基づく判断が一層重要となる、4．性別や年齢を問わず参画する
　　　ことが促進される、等を挙げることができる。
　　○こうした時代にあっては、精神的文化的側面と物質的経済的側面
　　　のバランスのとれた個々人の人間性を追求していくことが、社会
　　　を構築していく上でも基調となる。また、国内・国際社会ともに
　　　一層流動的で複雑化した先行き不透明な時代を迎える中、相互の
　　　信頼と共生を支える基盤として、他者の歴史・文化・宗教・風俗
　　　習慣等を理解・尊重し、他者と積極的にコミュニケーションをと
　　　ることのできる力がより重要となってくると考えられる。
　　○高等教育の役割は、人格の形成、能力の開発、知識の伝授、知的

25

生産活動、文明の継承など、非常に幅広いものである。高等教育は、初等中等教育の改革の動向とも相まって、中等教育後の様々な学習機会の中にあってその柱となり、社会を先導していくものである。

○「知識基盤社会」においては、新たな知の創造・継承・活用が社会の発展の基盤となる。そのため、特に高等教育における教育機能を充実し、先見性・創造性・独創性に富み卓越した指導的人材を幅広い様々な分野で養成・確保することが重要である。

○また、活力ある社会が持続的に発展していくためには、専攻分野についての専門性を有するだけでなく、幅広い教養を身に付け、高い公共性・倫理性を保持しつつ、時代の変化に合わせて積極的に社会を支え、あるいは社会を改善していく資質を有する人材、すなわち「21世紀型市民」を多数育成していかねばならない。

○これからの「知識基盤社会」においては、高等教育を含めた教育は、個人の人格の形成の上でも社会・経済・文化の発展・振興や国際競争力の確保等の国家戦略の上でも、極めて重要である。国際競争が激化する今後の社会では、国の高等教育システムないし高等教育政策そのものの総合力が問われることとなる。国は、高等教育の経済的基盤の充実に努めるなど、将来にわたって高等教育につき責任を負うべきである。また、個々の高等教育機関や学生・企業等の関係者も、十分な自覚を持ってこれからの時代に立ち向かう努力と気構えが必要であることは言うまでもない。

要するに、冷戦の終結から始まった新たなグローバル化の中で、「新しい知識・情報・技術が政治・経済・文化をはじめ社会のあらゆる領域での活動の基盤として飛躍的に重要性を増す」状況が生ま

れており、国際的な競争優位を日本が維持するために、「新たな知の創造・継承・活用」が極めて重要であると述べています。そして、したがって高等教育は、こうした「知識基盤社会」を先導的に生き抜いていける人材を育成するべきだ、と要請しています。この答申以降、PBL（Problem/Project Based Learning）を代表として、課題解決志向型のアクティブラーニングが大学教育に一気に流れ込んでくることとなり、現在も多くの大学でさまざまな活動が提案され試行されていることは、周知のとおりです。

　ここでは、「知識基盤社会」という社会認識が全体として妥当かどうかという点を検証することが課題ではないので、この点には深入りしませんが、冷戦の終結によって世界が第２次大戦後の危うい均衡的安定を失い、新自由主義的グローバリズムがあらゆるものを巻き込み不透明性が増した状況は、わが国の高等教育（実際には教育全体だと思いますが）のありかたに大きなインパクトを与え、いわゆるパラダイム転換を要請していると思われます。それはまず、一言で言えば「予定調和的教育の終焉」とでも表現できるものではないかと思います。上掲の引用部で下線を引きましたように、経済活動・経済社会のありかたを知識が決定づけるような「知識基盤社会」では、激しい競争的環境の中で、富の源泉としての知識・情報・技術が不断に更新され続けます。この状況が教育の世界にもたらすものをやや誇張して記せば、知識を固定的なものとみて前以って教えるという教育活動が無効になるという事態が起きるということになります。学生の側から見れば、一生懸命勉強して獲得した知識を卒業後にいわゆる実社会でそのまま使うという考え方が無意味になる、ということです。端的に言えば、"知の伝統主義的伝達"とでも言うべき教育活動は失効する、ということです。最終的には一つ

の「正解」に到達することを学習活動のゴールとする「正解主義」も、「知識基盤社会」においてはかえって知的革新にとっての阻害要因となる可能性があります。現在妥当性を持っている知識も10年後にそうであり続けているかどうかは分からないからです。

　こうした「知識」レベルでの流動化は、学校教育における教員と学生との間の教育的関係のありかたにも大きな影響を与えています。知識が不断に更新されていく中で、したがって知識の妥当性が長期にわたって保証されるわけでなくなった状況の中で、「正解」を握っている者としての教員の権威性は当然大きく揺らぎます。伝統主義的近代社会とでも言うべき矛盾を抱えた社会構造を作り出しながら、我が国は明治開国以来150年の歴史を紡いできたわけですが、わが国の教育活動はまさにこの伝統主義的近代化を準備し、またその一翼を担ってきたものです。後発の帝国主義国家が死に物狂いで推進したいわゆる「上からの近代化」の中に、わが国の教育活動はその権威の源泉を獲得し続けてきました。そうした"権威主義的教育"はしかし、人類の持続可能性という観点から資本主義的近代化それ自体の妥当性に疑問符が付され、また今日「知識」が不断に更新されるグローバルな「知識基盤社会」に入っていく中で、ヒドゥンカリキュラムのレベルでの有効性をも含め、必ずや大きくその妥当性を失っていくことになります。"権威主義的教育"の崩壊が学校という場を自然に民主的な社会空間にしていくと考えることは、いくつかの要因が絡んでいることもあり想定しがたいところですが、実際、日々学生に接している一教員としての日常感覚から言っても、教員と学生との間に旧来の"権威主義的教育"に基づく関係を作ることはほぼ不可能になっていますし、そうした関係が成立し得ない状況は、本稿で提案している"Learning Innovation"

第1章　大学における「学習の転換」

を実現するうえでは、むしろ望ましいことであろうと、私は考えて
います。

　さてそのうえで、ではどのような教育活動を大学において今後実
践するのか。端的に言えば、「正解主義」を離れ、柔軟で多面的な
思考を展開することができ、創造性豊かな知性を訓練・陶冶する教
育活動ではないかと思います。「知識基盤社会」を生き抜き、その
枠の中で競争優位を獲得するために必要だからだけではなく、「知
識基盤社会」を含めて激変する社会・経済的環境への具体的なコ
ミットメントを通じて、新たな社会と自己自身を紡ぎ出していくた
めです。

３．社会的課題の山積・質的転換と大学教育のこれから
── 脱"学校化"に向けて

　新自由主義的国際秩序編成に世界が深く巻き込まれる事態が進
行・深化しつつあり、中国の国際的プレゼンスの増大などによって
パワーバランスの変化が進みつつあることも、周知のとおりです。
グローバリズムと反グローバリズムのせめぎあいや、アメリカ合衆
国の自国最優先主義化など、国際状況の変化は実に目まぐるしいも
のがあります。「知識基盤社会」は、そうした目まぐるしく変転す
る国際状況に対する文科省の時代認識という面と、そうした状況を
サバイブする方途を教育活動の局面において提示することを企図し
ている面とがあるように思います。国際的競争裡において競争優位
を維持し続けようとする国家意志がその背後にあるわけですが、国
内に目を転じてみると、なかなかに困難な状況が広がっていること
に、ほとんど呆然とするばかりです。

29

なによりも、いわゆる「縮小社会化」が急激な勢いで進んでいます。年間に30万とか40万といったオーダーで日本の人口は減少しつつあります。学生によく話すのですが、150万人弱の人口を抱える京都市がわずか4年ほどで消滅するスピードです。鳥取県はすでに総人口が60万人を切っていますので、なんと1年半もかからず消えてなくなるスピードです。わが国は、明治開国の頃の推定約3300万人から2000年代初期の1億3千万人弱まで、約140年でおおよそ3倍半に増加したわけですが、これから約100年をかけて半分ないしそれ以下にまで減少するといった予測もなされています。戦後高度経済成長を可能にした条件の一つとして指摘される「人口ボーナス」は、もう二度と現れないでしょう。かつてヨーロッパを恐怖に打ち震えさせたペストや黒死病など疫病の流行による大量死を除けば、100年で人口が半減するという現象は人類未曽有の出来事として全世界の関心を集めていると聞きます。この事態は、明治開国以来の「日本的近代化」の終焉を、そしてまた戦後成長モデル（「昭和システム」）の失効を意味するのであろうと思います。さまざまな分野ですでに話題になっているように、社会システムの再設計（リデザイン）が構想され具体化されなければならない所以です。

　したがって大学に学んでいる学生たちが獲得すべきものは、まさしく日本の社会システムの再設計を構想し、それを現実化する能力です。社会システム全体の再設計との繋がりの中で社会的・地域的諸課題を解決できる知性と実践能力の育成が大学の役割となるべきものであると、私は考えます。「地域活性化」は今や知らぬ人のない言葉になっていますが、経済的な意味での活性化がさまざまな地域課題を解決すると単純に考えるのは、経済的繁栄が社会的諸課題を最終的には解決すると信じる「昭和システム」の思考様式ですか

ら、さっそくこれは"Unlearning"する必要があります。すでにわが国は低成長の時代に入っており、高度経済成長期の頃のような経済成長はおそらく二度と起こり得ないからです。「知識基盤社会」を前提し、その中でわが身一つの成功や栄達を求めるためにではなく、わが国（それは今眼前にいる学生たちに他なりません）が21世紀を生き抜くために、社会システムを創造する知性と実践力を持たなければなりません。したがって、大学における知性のトレーニングのありかたとして、さまざまな個別の社会的課題を恣意的・場当たり的に"解決"することをではなく、社会システム全体の変更・変革を現実化できるような知性や実践能力を訓練することを、新たな仕事にしていかなくてはならないと思うわけです。

　さて、ではそのためにどうするかということを考えたとき、"脱学校化"というテーマが再び浮かび上がってくるわけです。日本では「学校化」というよりも「学校依存症」と呼んだ方が良いのかもしれませんが、ひとつエピソードを紹介しますと、数年前、コミュニケーションペーパーを学生とやりとりしていた授業で、終盤に差し掛かる12月か1月頃、ある学生が次のような内容を記してよこしました。「自分は幸い北九州のとある地方自治体の職員となることが決まりました。これで自分の人生は安泰だと思っていましたが、先生の授業を聴いていて、全然そんなことはないんだということが分かって戸惑っています」。いい学校に行って、いい就職をして、といった昭和的価値観がこの学生に深く根を下ろしていることが感じられたとともに、安堵感と少々の"勝ち組"的優越感が伝わってくる文面でしたので印象深く覚えています。こうした保身を動機とする学校依存症は、役所依存症とか、会社依存症とか、いろいろな形に姿を変えて現象するわけですが、要は、既存の社会的制度空間

の中に居場所を見つけてその一部と化していく姿です。今日も続いている身分制的役割社会に対する、それはそれで"正しい"適応の仕方なのだと思います。日本の大学は、こうした形で日本社会に向けて人材供給を担う社会的機関として機能してきたわけですが、社会システムそれ自体の変更・変革が歴史的課題となっていて、その度合いをますます強めていくことが確実な状況に際会している今、こういう保身型依存症を"Unlearning"して創造的知性を訓練することこそ、大学の役割ではないかと思うわけです。そうした訓練が、「学びの閉塞状況」とでも呼ぶべき現状を変える一つの手立てにもなるのではないかと考えているところです。

　もうひとつ、大学教育を転換させるために指摘しておくべきことがあります。それは個人主義的・没状況的な教育・学習の限界です。日本の「近代教育」は個人主義能力観に立っていますから、勉強するのも、したがって評価対象となるのも、個々人です。しかし、学校を卒業して世の中で仕事をするようになるとすぐにわかることですが、一人でやる仕事なんてありませんし、さらに仕事を一人でやるのはいろいろな意味で危険ですらあります。個人商店主だって、一人で仕事をしているわけではありません。「学習」は先生との関係の中でのみ、あるいは個々人の頭の中でのみ起こるものではありません。「学習」は他者との関係の中にあり、したがって組織や集団が「学習」の主体であることも非常に多いわけですが、組織学習や協働学習は日本の「近代教育」の中では傍系の「学習」活動に位置づけられてきました。学校の勉強なんて世の中では役に立たないと言われたりする理由の一つがここらあたりにありそうですが、さらにもう一つ指摘しますと、教育・学習活動のバーチャルリアリティ化です。近畿地方のとある大学の先生のお話ですが、その大学

第1章 大学における「学習の転換」

では、教育活動の一環として山間部の農山村に入って地域支援活動をするのだそうです。半年間、学生たちと活動に取り組んで、ある学生に自分の何が変わったか、何を得たかと尋ねたところ、「知らない人に挨拶ができるようになった」と答えたそうです。私も地域再生活動に少々関わっていますが、学生たちの多くは、現地の方々とほとんど世間話ができません。学生たちを叱りたいのではありません。私たちのこの国は、教育は、彼らを学校に囲い込んで、確かに学校の勉強はさせたかもしれないのですが、異世代との、また生活者としてのコミュニケーション能力を培う機会を提供してこなかったのです。こういういびつな日本的「近代教育」を、私たちはいつまで続けるんでしょうか。学校教育とはそういうものだと居直っている場合ではありません。「学校化」によってもたらされた無能状態だからであり、学生たちは犠牲者だからです。

日本の「近代教育」は、近代化を進める人材を育成するために農村の土着的生活世界から子供たちを引き剥がすことからその歴史を始めました。農業という産業の終焉が語られる現在に至っても、わが国の「近代教育」のアンチ土着性という性格は基本的に変わりません。先に記した「知識基盤社会」に関わる文科省の議論も、同じことです。この150年の我が国の「近代教育」が何をしてきたのかを一言で言えば、土着的な生活世界から子供たちをいったん引き離して宙吊りにし、「日本的近代社会への人的資源の社会的配分」を遂行する役割を果してきた、ということになるのだと思いますが、その行きつく先が上述の、「学校化」であり、生活者としてのリアリティの喪失であり、その結果としての対象喪失による"根無し草的ナルシシズム"なのだと思うわけです。

今や、こうして大学もまたその一翼を担ってきた日本的近代社会

に、より正確に言えば日本的近代社会の危機に際して、改めて大学を日本社会に土着化させることが必要だと私は考えていますが、その際の手法が、この間さまざまな大学で試みられ、先駆的・先導的成果も上がっている地域連携・社会連携をベースとする教育活動ではないかと考えているところです。それは、人材供給システムとして"社会の要請に応える"といった下請け的なスタンスに立って行うものではなく、私たちが直面している社会的危機や問題・課題の解決を、それに関わっている当事者とともに目指す営みとして、構築されなければならないと考えています。「状況学習」という言葉がありますが、いわば「課題解決型状況学習」といった学習活動を、若い学生たちに提供する必要があるのではないかと思うわけです。社会教育と組織学習を新たにブレンドすることによってそれは可能になると私は想定していますが、その際、創造的な課題解決を試みる中で訓練すべきは、"Unlearning"を契機とする想像的にリアルな"Double Loop Learning"であり、当事者性であり責任性です。半知半解の知識を振り回して好き勝手に状況を混乱させ地域をスポイルすることではありません。あくまでも当事者の立場に立って、想像力を駆動することです。この当事者性に裏打ちされた想像力が、「学校化」という桎梏を打破するのだと思うわけです。

　"Single Loop Learning"が、個別的知識やそうした知識を統合しているカテゴリーやパラダイムを所与とするのに対し、"Double Loop Learning"はそうした知識や知識の有意味的な布置を創り出しているパラダイムを反省的認識の対象とします。つまりメタ認知レベルの学習ということになります。課題解決といいますと、それは実に多様な側面と次元を持ちますが、大抵の場合、"Single Loop Learning"のレベルで考えられ、取り組みが進められます。「地方

創生」というテーマがどこかから降ってくれば"素直に"それに乗り、「それをいかにして実現するか」というハウツー探しに邁進するといった具合です。これに対して、「そもそも地方は振興・再生させなくてはいけないのか？」というラディカルな疑問を正しく提起した学生が以前いましたが、これは地方を見捨てようとしているのではなく、地方・地域に対して「地方創生」という枠組みをあてがうことを反省的・批判的に捉えようとしているわけで、これが"Double Loop Learning"の端緒です。

　わが国では、初等・中等教育においては"Single Loop Learning"レベルでの知的能力しか基本的には訓練されません。"Unlearning"や"Double Loop Learning"を意図的に教授されたり訓練されたりすることは極めて例外的なことでしょう。もとより、大学においても"Single Loop Learning"の重要性が低くなるわけではありません。しかし、大学はこの"Double Loop Learning"をこそ教育活動の中核に据えるべき機関です。正解複写的・Catch up 的・追従的な学習を"Unlearning"し、自由を手にした知性を"Single Loop Learning"と"Double Loop Learning"との両方の世界で駆動するのが、「研究活動」を存在意義としている大学における知性の訓練というものでしょう。

4．"Unlearning"の意義

　学習活動・知的技法としての"Unlearning"の意義は奥深いものがありますが、ここでは2点整理しておきたいと思います。

　第1点目ですが、私は、さきほど地域連携・社会連携をベースとする教育活動を提案した通り、大学教育がキャンパスの中で完結す

る時代は終わった、と見立てています。すでに産学連携や地域連携といった形で実社会や産業界との繋がりがあるではないかという指摘があると思いますが、私が考えているのは、「社会のニーズに応える」といった言葉でしばしば表現されるような、いわゆる実社会に対する下請け的教育活動ではありません。社会に向けて新しい価値を提案することを重要なミッションとする大学ならではの、社会的諸課題の解決と、それを通じた新たな社会を目指した協働的な学習活動です。そして、社会教育的側面をも含み込むようなそうした教育活動を展開する際に有効なツールとしたいのが、本書がテーマとしている "Unlearning" なのです。私たちは、日本人はモノづくりに長けているというイメージにあまりにも馴染んでいますから、創造的というと何か目に見えるモノを作り出すことだと信じ込んでいますが、固着してしまった知識や経験を手放すこと、社会学の言葉で言いますと「自明性を解体する」ことも、極めて創造的な営みです。本稿では、"Unlearning" は "知性の可動域" を作り出すことができる点で有意義だという述べ方をしていますが、換言すればそれは "フロンティア" を知性に与えることだからです。私たちが生きている日本社会は、「成熟社会」ともいわれ、同時に「現代社会の閉塞感・生きづらさ」が指摘されます。どちらの把握も一定の妥当性を持つわけですが、いずれにせよ若者には "フロンティア" がありません。"Unlearning" は知性にフロンティアを創出する営みです。他方、「成熟」と「閉塞」は、それ自体、解決されるべき課題です。社会的諸課題の解決を通じた社会システムの変革・創造という舞台を、学生たちにとってのまさに客観的な "フロンティア" と捉え返したいと、私は考えています。そして、この内外のフロンティアが際会する場をこそ、"Learning Innovation" の現場に仕立てた

いと考えているわけなのです。

　もう一つの意義は、主体形成の効果です。"Unlearning" という学習技法は、ある意味で危険な性格を持っています。知識や知識の枠組みに依存して思考停止することを許さないからです。外的な環境世界をだけでなく、場合によっては自身の内面的な知識や認知枠組みをその対象としますが、それは、外的な環境世界に対しては丸腰の無防備な状態で相対することを要求しますし、自身の内面に対しては、場合によっては精神的基盤を掘り崩すような事態を招来する可能性があります。「自己否定的」「自己超越的」「自己革新的」学習の可能性とリスクです。外的・内的を問わず、対象への盲目的な依存を許さないからこそ、その対象と絶縁してしまうのではなく、応答（コミットメント）を構築する力が求められます。この応答性・応答力が創造性の基盤になります。この応答の中で行われる知識の再編成や知の枠組みの転換が、"Unlearning" を通じた創造の営みなのです。

　「目から鱗が落ちる」という言葉がありますが、学ぶ主体が最大の喜びを手にする瞬間というのは、そういう瞬間だと思います。それこそが、「自己否定」「自己超越」「自己革新」の瞬間であり、学習者として至福の瞬間なのだと思います。ただ単に知識が増えていくのを喜ぶほど、人間の知性は単純ではありますまい。「目から鱗が落ちる」経験をした時の衝撃と感激と手応えが、対象の現れ方も変わり、自分自身も質的な変化を遂げたことを体感させるものであり、まさにパラダイムチェンジを経験した証ですが、このリアルな自己改革・自己創造の経験が「学ぶ主体」のコアを形作っていくものなのです。

　かつて非常な学識と指導力を持っていらっしゃった英語の先生

が、ふとこう仰いました。「英語を勉強すればするほど、日本語への理解が深まる」と。実際、英文和訳・和文英訳の上質な訓練を深めるほど、日本語を対象化して捉えて学ぶことを覚えていきます。そして、もちろん母語として日本語を使いながら、英語と日本語の両方を対象化して、あたかも二言語を併せて学んでいるかのような境地に至ります。自分自身は日本語とべったりと張り付いたまま英語を向こうに置いて学ぶというのではなく、日本語と英語がともに学ぶ対象として眼前にあるという感覚です。「自明性の解体」にせよ "Unlearning" にせよ、客観的世界／英語と主観的自己／日本語との双方を対象化して捉える、そのようなメタ次元の「主体性」を立ち上げさせるものです。"Unlearning" の価値は、このメタ次元の「主体性」を生み出すことにあります。

　学術研究活動を本体業務とする大学において、高度に抽象的な客観的知識を学生に教授することの教育的意義は、客観的知識を提供することを通じて学生がそれまでに身につけてきた知識や認識構造に揺さぶりをかけ、"Unlearning" ── 世界は自分が思っていたものとはどうやら何か違うぞ ── へと誘導し、「自己否定」「自己超越」「自己変革」── 新しい自分になっていこう ── を起こさせ得ることにあります。そして理想的には、世界と自分を捉え返すメタ次元の「主体性」を立ち上げさせ得るところにあります。大学教育の目指すものは、ナルシスティックな「やりたいこと」主義を貫徹して幼稚かつ無傷の自己肯定を手に入れさせることでは決してありません。また、中等教育で身に着けた学習のあり方で大学での学習活動を要領よく "こなす" ことを覚えさせることでもありません。そうしたやり方で好成績を収めるのはむしろ悲劇であることを知らなくてはなりません。学習対象は専門的知識であるかもしれません

が、学習のあり方は中等教育から転換せず、したがって学習者自身はまったく成長することがないからです。

　大学での現実の教育活動は、日本的な実用主義などさまざまな力が働く場でもあることから、なかなかこのテーマを十全に実現することは難しいのですが、大学における「学びと成長」とは、本来的には上のような事態・現象を指すものであろうと、私は思います。

5.「学習学」の提案

　最後に、分科会の紹介文の最後に記した「FDを逆照射する」という点に言及しておきたいと思います。そのポイントは、本稿の最初に記しました通り、端的にまずは「教育」と「学習」の分離です。「教育から学習への転換」や「学習の転換」というテーゼが成り立つためには、言うまでもなく「教育」と「学習」がまずは分離されている必要があります。「まえがき」に記した通り、私たちが報告をした分科会を含む大学コンソーシアム京都のFDフォーラムは、実に21回目の開催でした。しかしこれは、「Faculty Development」つまり教員の教育力向上や教育技術の高度化をテーマとする取り組みです。いわば「Learning Development」、つまり学習力の向上をテーマとする取り組みではありません。間接的に、あるいはそうした内容を含み込んだ取り組みが個別にはなされているのかもしれませんし、実際そこから成果が生まれてきているのかもしれません。しかし、「Learning Development」をテーマの正面に据えて取り組まれている活動は、大学コンソーシアム京都に限らず各地のコンソーシアムでも、あるいはまた個別大学でもほとんどないのではないでしょうか。

「教育学」は実に長い歴史を持ちますが、少なくとも学問的世界における独立した一学問としての「学習学」は、まだ存在していないように思います。教育および教育者にとって学習および学習者とはいかなる存在であるかという、それこそ"Unlearning"的疑問が頭をもたげてきますが、人類にとっての教育の本質ではないとしても、少なくとも「国民」の創出を目的として遂行されてきた「近代教育」一般の本質に関わりそうなこの問いに深入りするのは機会を改めましょう。そのうえで、「学習学」が提起されてしかるべき理由として、上述の通り、「知識基盤社会」と言われるような変化が激しく流動性の高い社会にあっては、「先回りして前以って教えておく」という伝統主義的教育活動が失効する以上、また課題山積の中を創造的に生きていかざるを得ない若者たちに向けて、「自ら学ぶ」という営みを、なおかつ知識のストックに終わらない創造的な「学習」という営みを、まさに創造しなければならないということを指摘しておきたいと思います。そこでテーマとなるものは、上述のように、"Unlearning"を契機とする"Double Loop Learning"によって自身の内外にフロンティアを創り出すことを可能とするような「学習」とはいかなるものであるかを追求することです。そしてそうした教育活動の改善運動としてのFDが構想され実践されなければならないと思うわけです。一言にしていえば、「新たな学習への転換」つまり"Learning Innovation"を現実化することのできる「教育」への転換が「新たな教育への転換」の内実をなすものとなり、新たな「Faculty Development」も具体化されることとなろう、ということです。

　「管理教育vs自由教育」とか「系統主義学習vs経験主義学習」といった対立的・分断的な両極的発想を、そろそろ"Unlearning"し

ましょう。私たちが実践しなければならいのは、自らフロンティア
を自身の内外に作り出し、自由かつ責任性豊かな創造性を発揮する
ことのできる能力の獲得を指導し訓練することです。知識注入型・
複写型教育という形で現象している伝統主義的・権威主義的教育
は、主体性や創造性を育成するどころか、生徒・学生たちをエコー
（Echo）── ギリシャ神話のナルキッソスとエコーの物語の中に
登場する森のニンフです。他者の言葉をオウム返しすることしかで
きなくされ、自らの言葉を発することができないために、ナルキッ
ソスに愛を伝えることができません。ナルキッソスに自分から話し
かけることができないために嫌われてしまい、屈辱と恋の悲しみか
ら声だけの存在になってしまいます ── の境遇に置き続けている
のではありますまいか。しばしば日本の子どもたちや若者たち（し
たがって日本人全体）の自尊心の低さが指摘されるわけですが、そ
れはエコーの屈辱と悲しみに通じているように思えてなりません。
私たちはいつまで「学校」を"エコー大量製造所"であらしめ続け
るのでしょう。私たちはいつまで生徒・学生たちをエコーの屈辱と
悲しみの中に沈め続けるのでしょうか。

　20年後・30年後の日本は、今学生生活を送っている若者たちの
ものです。20年後・30年後の日本を彼ら・彼女らが創造活動の場
とすることができるように準備することが、私たちが残せる最大の
遺産ではないかということを最後に申し上げて、本稿を閉じたいと
思います。

補論：質疑応答

質問1 "Unlearning" するには "Unlearning" されるものが必要なのではないか。何もないところで "Unlearning" は起こらないであろう。事前に "Learning" が必要である。そのバランス、大学という場での構造化について、どのように考えればよいか。

応答1 ここでは2点、お答えしておきたいと思います。まず、今回は "Unlearning" に焦点を当てていますが、現実の "Unlearning" は、Learning → Unlearning → Re-learning → Unlearning という円環的あるいは往還的な学習プロセスの一部を成しているものです。一度 "Unlearning" すればそれで終わりということではありません。"Unlearning" は〈タガを外す〉といった弛緩を意味するのではなく、上述のような極めてタイトな学習プロセスの一部であることを知って頂けばよいかと思います。実際の学習経験の場では、確かなものなどひとつとして感じられず、〈迷い狂う〉と表現すべき事態も起きているはずです。

　ついでに記しますが、乳幼児研究などの知見を参照しますと、"Unlearning" は誕生間もない赤ん坊と養育者との間でも起きていると考えて差し支えないと思います。赤ん坊の側から、また原初的な養育者の側から、相互の関係構築を求めての調整が不断に続けられています。これは人が死を迎えるまであらゆる人間関係の中で続けられていくわけですが、日々の関係調整の営みこそ、上述の円環的ないし往還的な学習プロセスに他なりません。

　もう1点は、大学に来る学生は18歳以上だということです。そして、既に何ほどか中等教育での知的訓練を受けており、好悪は別として、本編で指摘した日本的「近代教育」を刻み込まれて大学に入っ

てきます。したがって、"Unlearning" する素材は十分に備えていると見ることができると思います。かつまた、大学での知的訓練においては、"Unlearning" を学習活動の一部として想定したうえで"Learning" に取り組むことが可能です。そしてこの点が、大学における学習活動が満たすべき必須の要件であると、私は考えています。伝統主義的・権威主義的教育における "Single Loop Learning" の次元では、「正解」を手にすることが最大の価値を持ち、場合によっては〈正義〉の地位を占めて権威を獲得することができます。また、この "Single Loop Learning" の次元では、「正解」を手にした段階で思考停止が許されます。ところが、"Double Loop Learning" の次元では、「正解」が恒久的な地位を獲得することはありません。むしろ環境世界との関係の中で、必要に応じ「正解」を更新することに価値があります。ここでは、主観的・客観的事象へのコミットメント能力や創造性が、〈正義〉や〈権威〉を超えます。"Unlearning" は、そうした創造性を駆動する契機となるという点で価値を持つわけです。

質問2 "Unlearning" における「否定」というのはどういう意味か？

応答2 本編でも言及したとおりですが、社会学的観点から言えば、"Unlearning" における「否定」というのは、「相対化する」とか「宙吊りにする」という意味であって、「忘れる」とか「排除する」という意味ではありません。現象学用語でいえばエポケー（判断停止）に近いと言えば、学術関係者の理解に役立つでしょうか。「学習棄却」という法律用語のような強い訳語にあまり適切感がないのも、"Unlearning" における「否定」にそうした含意があるからです。

否定するのは"Learning"して身につけたことの〈絶対性〉であって、絶対だと決めつけることによって「思考停止」が起こることを避け、創造性の主体である知的営為（思考や想像力）や決断力・判断力を守り育てたいというのが、"Unlearning"を学習プロセスの重要な契機とみなして注目する理由です。"Unlearning"された知識は、確かに絶対性は失いますが、活用可能な資源として手許に残ります。むしろ、そのようにして活用可能な資源を増やしていくことこそ、「学習」という営みの目指すべきものでしょう。「論語読みの論語知らず」という戒めの言葉の通り、知識に埋没し依存して現実の事象に対するコミットメント能力を喪失することが、膨大な時間と労力と資金を注ぎ込んで取り組む学習活動が到達すべき地点ではないであろうと思います。

"Unlearning"は誰に必要なのかという点に関わっては、人は誰でも日々不断に未知の状況に際会するという経験をしているのであって、その未知なる経験に十全に出会うために、主体的な関与や判断を生み出すことが必要で、それゆえに「これは絶対だ」という依存的な決め付けを相対化する、つまり"Unlearning"することに意義があるのだということになるのだと思います。

結局、本編でも記しましたが、"Unlearning"の究極的な意義は、人間の知性への信頼に依拠しつつ、自分自身もその一部を成している客観的な状況（社会的な世界ではそれは間主観的／共同主観的な意味世界であるわけですが）との関わりの中で、"知性の可動域"を可能な限り最大化し、「最適解」を創造する営みを創出するということにあるかと思います。思い込みの中に閉じて空転するのでなく、思い込みを対象に強引に押し付けて暴力的に我意を通すのでもなく、対象の奴隷になるものでもなく、予断を予断として自覚しつ

つペンディングにして、客観的対象との間にコミットメントの回路を開く。知識を鎧に状況に臨むことをみずから排除して戦場に臨むというのはほとんど愚かな武装解除にも見えますが、知識を鎧として痩せこけた体を守るのと、知識を道具として武装した筋骨隆々たる肉体を戦場にさらすのとは、次元を異にします。

なお、旧日本軍は、戦争に勝利するために "Unlearning" を契機とする "Double Loop Learning" を実践すべきでした。しかし、私たちは今戦争に勝利することを目指しているのではありません。究極的に何を目指しての "Unlearning" や "Double Loop Learning" なのかという価値判断に関わる問題については、稿を改めて取り組みたいと思います。

質問3

a）学生対応をしている部署で仕事をしている立場から言うと、学生を「受け入れる」ことから始まるので、「否定」から入ると自己否定に繋がることが懸念され、会話が成立しにくいかもしれない。

b）現在の学生の雰囲気と、報告者の学生時代とは過ごし方が異なるように感じる。現在の学生は常に不安の中で生きている。勉強は「やるべきこと」で、遊びも型にはまっている。今の学生は「与えられたこと」をやるので精いっぱい。苦難を経験することが学びや成長に繋がることもあると思うが……。

応答3

若者ひいては日本人全体の自己肯定感の低さはかねてから指摘されてきているところです。本書での私の関心は社会的次元を志向する "Unlearning" に集中していますが、もともと精神分析学や臨床心理学の勉強から学術世界に触れ、現在も臨床心理学分野の

勉強を続けている者からすると、まさに私たち日本人はこの「自尊心の低さ」「自己肯定感の低さ」を"Unlearning"することを国民的課題にしてよいと考えています。現今のわが国の様々な危機的状況を肌で感じてのことだと思いますが、裏返しの軽薄な自己肯定がメディアから垂れ流されたりしています。反動形成的に捏造される自己肯定やナルシスティックな自己像は、創造的な自己肯定とは似て非なるものです。

　自己肯定は、客観的意味世界との創造的な交渉を基盤として生まれてくるものです。創造的な当事者であることが、自己肯定を生み出します。私たちがいかなる客観的意味状況との間で当事者である（あり得る）かを掴み直すことから、始めるしかないように思いますが、それには本編で述べたような私たちの「近代教育」をどのように"Unlearning"するかを考えることが、大きく貢献するように思います。なぜなら、若者に自尊心の低さをもたらし、〈保身〉を大きな動機として生きるように仕向けてきたのは、まさに本邦の「近代教育」のシステム（とりわけ戦後の大衆教育システム）であり、「学校」と「家庭」と「会社」のゴールデントライアングル（という檻）であったわけですから。

　そして最大の問題は、ちょうど日本軍の戦略特性が米国・米軍の自己変革的な戦略開発という客観的状況との間で離齟を深めていったように、そうした日本的「近代教育」の中で、それに適応して獲得した（してしまった）メンタリティーや能力が、現在そして今後私たちの社会が突入していく客観的状況との間で深刻な離齟をきたすことが深く懸念される状況にあるという点にあると、私は考えています。とりわけ、戦後の「近代教育」における逆説的な"成功"に対して、旧日本軍と同じような態度を私たちがとり続けるのか否

か。

　本稿が掲げる "Learning Innovation" は、「知的基盤社会」への
適応のためにのみ重要なのではありません。明治以来の「伝統主義
的近代化」の延長にはない社会をデザインすることが要請されるこ
とから、我々の知性を日本的「近代教育」から解放する契機になり
得るが故に、重要なのです。それを可能とする学習環境を創出し、
"Double Loop Learning" を遂行させる教育活動を開発することが、
日本的「近代教育」や、したがって日本的「学校化」から生じてい
るさまざまな課題・問題を解決していくための基礎的方途となりま
しょう。そのためにはまず、私たち教育関係者が、日本的「近代教
育」そして日本的「学校化」を "Unlearning" してみせなければな
りません。

　OECDが提案してくる教育改革を「正解」とみなして追随するだ
けでは、"Single Loop Learning" の域を超えません。私たちに必
要なことは、私たちが実は生活のあらゆる場面で遂行している
"Double Loop Learning" を掘り起こし、そのポテンシャルを把握
して、価値を認め、私たち自身の創造性として我がものとすること
であろうと思います。

文献紹介 ── 創造的な学びの技法としてのUnlearning

根岸世雄『新・受験数学勉強法』講談社（講談社ブルーバックス）、1982年
　著者は、駿台予備学校の数学を長年にわたって支えた伝説の数学者です。Unlearningという言葉を知って真っ先に思い出したのがこの本でした。当時はUnlearningという言葉をもちろん知らなかったわけですが、振り返れば、受験勉強を通じて実質的にUnlearningを教わっていたと言ってよいと思います。「その場で、自分で、考える」ことの意義を繰り返しこの本は説いていますが、Unlearningはまさに「その場で、自分で、考える」という創造的な営みを準備し、またその一部をなす、知的・精神的技術だからです。

景井充「双方向型講義の設計思想 ── 産業社会学部コア科目「人間と文化」での試みから ──」立命館高等教育研究　第5号（2005）pp.1-15
　私の10年以上前の論考ですが、あえてここで紹介することをご容赦願いたいと思います。この論考は、タイトルの通り双方向型講義の設計をテーマとしている実践報告ですが、双方向型講義の目指すものが、単に教員と学生との質疑応答の往復ではなく、学生の側に一種の公共的意味空間を作り出すことであることを記しています。そしてその公共的意味空間それ自体が、本書で問題化しているUnlearningを集団的・公共的に惹起させ得るものであるという発見を報告しています。

スティーブン・デスーザ、ダイアナ・レナー、上原裕美子訳『「無知」の技法Not Knowing　不確実な世界を生き抜くための思考変革』日本実業出版社、2015年
　本論で言及したように、知識偏重の教育活動は、その知識ないし知識偏重指向が将来的に有効性を持つことを前提に成立するものです。同時にそうした状況が教育する側に権威性を付与します。しかし、知識の更新速度が上昇し、状況の変化が激しくなると、不断に新たな知識や客観的状況に際会することとなります。その時、「無知」を前提した上で知性を生々しく駆動することが求められることとなります。単なる「無知」ではなく、技術としての「無知」をどう獲得するかを考えるうえで、示唆に満ちている書物です。

第2章
経営の実務における
アンラーニングの必要性

杉野　幹人

はじめに

　本稿では、経営においてUnlearningがどれだけ必要なものなの
か、そして、Unlearningはどのようにするとできるかについて議
論していきます。

　私は外資系の経営コンサルティングファームで経営コンサルタン
トをしています。経営コンサルタントが学術的に議論されている
Unlearningについて述べることについて、違和感を覚える人もい
るかもしれません。

　しかし、Unlearningという言葉は、学術の世界だけで議論され
ている言葉ではありません。Unlearningという言葉は、外資系の
経営コンサルティングファームにおいては、よく使われる言葉で
す。最近だと外資系のコンサルティングファーム発の言葉ですと、
MECEとか、ロジカルシンキングとかという言葉については、一
般に知られるようになりました。Unlearningという言葉は、それ
らと同じくらいに外資系の経営コンサルティングファームでは共通
言語なのです。このため、ここからは経営コンサルティングの実務
の立場から、Unlearningについて議論していきます。

　では、経営コンサルティングの実務において、なぜUnlearning
という言葉が用いられるのでしょうか。理由は簡単です。仕事にお
いて重要だからです。経営コンサルタントはUnlearningできない
と成長できず、Unlearningできなくなると引退とも言われます。
それほど経営コンサルタントを議論する上で、Unlearningはなく
てはならないものです。経営コンサルタントは、経営の助っ人をす
る仕事です。すなわち、経営コンサルタントにUnlearningが必要
ということは、経営の実務家にとってUnlearningが必要であると

も言えます。

　では、経営コンサルタントはどのようにしてUnlearningしているのでしょうか。そこには幾つかの方法があります。

　本稿では、経営の実務におけるUnlearningの重要性を議論し、そして、経営の実務においてUnlearningはどのようにするとできるかについて議論し、その中で、実務家が大学などの高等教育機関で学問を学ぶ意義についても議論することを目的とします。

1．経営学は経営の実務にどう使えるのか？

　経営コンサルティングでは、企業の経営者や、経営のスタッフの経営企画部の人たちと仕事をします。そういった人たちと接しながら、経営の実務家と経営の学問、すなわち経営学との関わりとはなんであろうか、または、これでいいのかな、と考えることがあります。

　たとえば、経営学の代表的な知識で考えてみます。おそらく、一般に一番有名な経営学の知識は、マイケル・ポーターというハーバード大学の教授が生み出した「ファイブフォース」という競争戦略のフレームワークだと考えられます。その他では、たとえば、私が学んだビジネススクールのINSEADから生まれた「ブルーオーシャン戦略」、そして、ハーバード大学から生まれた「イノベーションのジレンマ」などを挙げることができます。これらの言葉は、経営学の範囲を超えて、ある程度は一般的に使われています。

　では、このような経営学から生まれた知識を、経営の実務家たちが好むかというと、人によってかなり意見が分かれます。

　まずは肯定派です。肯定派の実務家たちの典型的な物言いとして

は、たとえば、「俺が言いたいことはポーターも言っている」や「これはブルーオーシャン戦略だね」や「クリステンセンは俺と考えが同じ」といったものです。これらの物言いでは、経営学の知識を、自分自身の考えている答えの自己肯定だったり、自己弁護だったりに使っているということです。こういう実務家たちと話していると、ほとんどの議論がポーターだったり、ブルーオーシャンだったりで回収されます。「お、それは杉野さんいいですね、ブルーオーシャンですね」などです。そのような肯定派の実務家、すなわち、経営学の知識で議論を回収する実務家の机には傾向があります。それは、経営学の本がきれいに並んでいることです。本を実務に使っている人というのは、本がボロボロなものですが、そのような実務家の経営学の本は机の上にきれいなまま置かれています。では、使わずきれいなままで経営学の本を置いておくのはなぜでしょうか。目的は、権威づけです。権威づけのためだけなので、ボロボロになるまで読む必要はなく、極端に言えば、それらがまわりの人たちにも見えるように、そして、自分の考えていることに自信を持たせるために自分でも見えるところに飾るだけでよいのです。すなわち、自分が考えている答えを経営学の知識によって正当化するために用いていると言えるでしょう。

　一方で、経営学の知識を肯定するのではなく、経営学の知識を否定する実務家もたくさんいます。このような人たちは、たとえば、先ほどの「ファイブフォース」という競争戦略の知識についても「それ実務で使ったけど、全然使い道ないよ」と批判します。「ブルーオーシャンはなにも解決しないじゃないか」や「クリステンセンなんて一般論だろ、俺のケースは当てはまらないよ」なども同じような批判です。このような実務家たちは、経営学は自分が向き合って

いる問題の答えにならないから使えないと考え、このため、否定します。

このように、経営の実務家たちの経営学に対する態度は、肯定派と否定派の二つに分かれています。そして、それぞれは、自分の答えの自己弁護や自己肯定のために使う人と、もうひとつは答えにならないから使わないという人です。これらは一見違うように見えるのですが、共通する点があります。それは、両者ともに学問というのは答えであるという前提で経営学と向き合っている点です。学問とは答えを示すものであり、その答えが自分の考えと一致するから自分を正当化できるというのが肯定派の態度です。学問とは答えを示すものなのに、使えないからダメである、すなわち、答えではないのであるというのが否定派の態度です。両者は否定と肯定で異なりますが、学問というのは答えを示すものであると捉えているという点においては、共通しています。

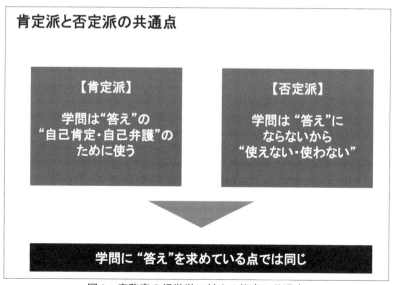

図1：実務家の経営学に対する態度の共通点

このように多くの経営の実務家は、経営学とは答えを示すもので
あると考えていますが、果たして、経営学というのはそのように「答
え」としてしか使えないものなのだろうか、というのは本稿で考え
ていきたい問いの一つです。学問は、答えとなるような知識ではな
ければ、学ぶ意義はないのでしょうか。これを学ぶ側ではなく、教
える側に立って言い換えると、学問を教えるというのは、答えを教
えることなのでしょうか。

　ここで、先に私自身の考えを言うと、私は学問の知識というのは、
答えとしても使えますが、答えとしてではなく使うこともできると
考えています。ここで、鍵となる考え方がUnlearningです。先述
のとおり、経営コンサルタントはUnlearningを大事にしています
が、このUnlearningに経営学は使えます。

2. ケーススタディ： どのようにして積載幅の問題を解決するか？

　経営の実務において、特に問題解決に焦点を当てて、Unlearning
がどれだけ大事なのかをケーススタディを通じて、考えていきたい
と思います。

　たとえば、次のような問題解決のケーススタディを考えてみま
す。

　幅4.5mの機材を、これまでに例がないくらいに大量に運びたい。
例えば、被災地の仮設住宅の建設のために機材を速やかに運ばなく
てはいけないケースをイメージしてみましょう。道路交通法的に
は、荷物を運ぶのにさまざまな制限がありますが、特に積載幅が
3.5mを超える車両の場合には、周りの一般車両に対しての危険性

第2章　経営の実務におけるアンラーニングの必要性

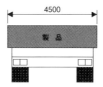

出典：横河ブリッジwebsite

図2：ケーススタディ

が高まる可能性があるので、さまざまな規制があります。夜9時から朝の6時のみに車両の走行が限定されたりします。そのような制限がある中で、より多くの機材を被災地に速やかに運ばなくてはならないという問題に直面していたとします。

このようなときに、どのように問題を解決できるでしょうか。

多くの人が挙げる解決策は三つあります。

一つ目は、制限があるのは仕方がないので、機材を運ぶのに時間がかかっても法令順守でいまある車両で運ぶというもの。

二つ目は、これは法律が制限しているのだから、法律を変えてしまおうというもの。

三つめは、車両を使うから制限を受けるのだと、船舶という違う手段で運ぼうというもの。

一つ一つの解決策を考えてみましょう。

55

一つ目の解決策は、大量の機材を運ぶのに時間がかかってしまいますが、法律を順守でき、そして、いまある車両で運ぶことができるものです。これは現実的な解決策のように思われますし、多くの大学の授業で学生に手を挙げてもらうとこの選択肢で一番手が挙がります。しかし、この選択肢は問題を解決しているのでしょうか。結局は、機材を運ぶのに時間がかかります。すなわち、直ちに仮設住宅が欲しいというニーズに応えることはできていないので、必ずしも問題の解決にはなっていないのです。

　では、二つ目の解決策の法律を変えるというものを考えましょう。確かに、たとえば積載幅が3.5mを超えたときの制限を取り払うように法律を変えれば、機材を速やかに運べるようになります。ですが、法律を変えるというのには時間がかかります。また、法律がなぜそのような制限を設けているかといえば、周りの車両に危ないからなわけで、今度はその周りの車両との接触事故などの問題を起こす可能性があります。

　では、そもそも車両だからダメなのだと船舶などの代替手段をとることを考えてみましょう。確かにこれだと道路交通の法律は回避できますが、そもそも船は、車両と較べて一回あたりの輸送速度は遅いし、そして、結局最後は現地の近くの港に着いてから被災地まではまた車のため、結局は制約を受けることになり、問題解決にはなりません。

　これらの三つの解決策というのは、一般的に、定常時に機材を運ぼうと考えたときに多くの人が経験則で思いつくものです。しかし、今回扱っている特別なケースにおいては、そのような定常的な局面での経験則に基づいて考えてもダメだということです。このような新たな局面では、それまでの定常的な局面での答えというの

は、必ずしも答えになりません。局面が変われば、解決策も自ずと変わる可能性があるということです。局面が変われば、解決策は変わる可能性があるにもかかわらず、ついついそれまでの経験則から導かれる、いわゆる、「持論」に引きずられて考えてしまうことがあるのでは、というのがこのケーススタディで問いかけたい論点なのです。

---

①・②・③はこれまでの「持論」による解決策

①運ぶ機材の量を制限する（そもそも需要を減らす）

⇒これで、輸送量が制約されていても、供給できる

⇒しかし、需要に対して供給が足らないので、問題解決にはならない

②道路交通の法律を変える要望をする（幅か走行時間帯の緩和）

⇒これで、輸送量が制約されなくなる（幅4.5mの機材を24時間運べる）

⇒しかし、交通の安全性にリスクがあり、その対処が社会的に必要になる
（また、なかなか法律は変わらなかったりで、問題解決にはならない）

③車両ではなく船舶で運ぶ

⇒これで、道路交通の法律の制約は回避できる

⇒しかし、船舶は車両と比べて、高い、遅い、そして、不便（最後は車両）

**これまでの局面の「持論」は、
必ずしも新しい局面の問題解決の「答え」にはならない**

図3：典型的な回答

ここで注目したいのは、もともとの解決策の選択肢に戻り、四つ目の選択肢である「その他」です。先述の三つの経験則から導かれる一般的な解決策に拘らずに、新たな選択肢を考えた例もあります。

例として取り上げたいのは東邦車輌という企業です。東邦車輌というのは、数年前までは、東急車輌という企業でした。その企業が

名前を変えて、東邦車輛という企業になったのですが、この企業のこの問題に対する解決策が、その「その他」の一つです。

この図の車両がその東邦車輛が考えた解決策です。幅に制限がある、であれば、幅は守るけど高さはまだ大丈夫だろう、と機材を積む荷台を傾けた新しい車両を開発したのです。この傾いている荷台に機材を並べて、傾けながら走るのです。横の幅的には問題なく、高さも問題がない。結果的に、このような車両であれば日中でも制限なく機材を運べるというわけです。

出典：東邦車輛website

図4：「その他」の考え方

いままでの経験則で培われた持論にこだわらずに、それらを一旦は脇に置き、新たに「その他」の選択肢を考える。そうして「その他」を考え抜くことで、新たに導かれた解決策がこれなのです。結果的にこの商品は類のない解決策となりました。そして、類がない、

すなわち、競合もないため、ヒット商品となりました。このような
ヒット商品も、「その他」を考えなければ生まれなかったわけです。

先ほど、「持論」に引きずられて考えてしまうことがあるのでは、
というのがこのケーススタディで問いかけたい論点だと触れました。局面が変わったときの問題解決では、それまでの持論に拘るの
ではなく、新しい選択肢を考えることの重要性をこのケースは物
語ってくれます。

3. 新しい局面での問題解決で求められること

組織において経営が特に求められるのは、それまでの持論ではどうにもならなくなったときです。当たり前ですが、それまでの持論
が通用するのであれば、それまでどおりにやればよく、経営は特に
やることがありません。しかし、局面は定常的ではなく、時間とと
もに変わります。局面が変われば、それまでの経験則で培われた持
論が通用しなくなる。そこで、経験則の持論に頼るのではなく、そ
れらを一旦は棄却して、「その他」の可能性も含めて考えて、その
中で一番局面に合った解決策を選ぶことが必要になります。このよ
うに、新しい局面で新たな解決策を導き、組織の内外に示すのは経
営の重要な役割です。

最近巷では「ゼロベースで考える」という表現を見かけます。こ
のゼロベースという言葉は、これも経営コンサルタントは一般的に
使う共通言語みたいなものなのです。ゼロベースで考えるときに求
められるのは、「その他」を考え抜く前に、まずは自らの持論を理
解し、それを一旦は棄却して脇に置いておくことです。「その他」
を考えようと思っても、持論にこだわっている限りにおいては視野

が広がりません。ここで棄却するというのは、完全に否定して忘却してしまうことではなく、一旦はニュートラルに置いておく、すなわち、拘らないようにするということです。そして、考えをニュートラルにするというのが、経営コンサルタントがもう数十年前から共通言語として用いているUnlearningです。Unlearningがあって、はじめてゼロベースに考えることができ、はじめてその局面での最適な解決策を選べる、という考え方です。

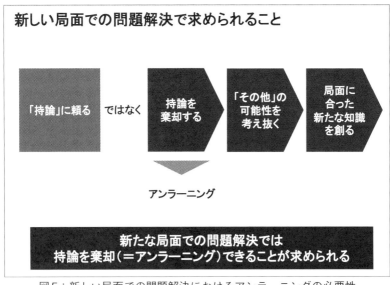

図5：新しい局面での問題解決におけるアンラーニングの必要性

　Unlearningが経営コンサルティングにおいて重要だということは触れました。では、すべての経営コンサルタントが苦もなくUnlearningができるのかというと、必ずしもそうではありません。Unlearningが共通言語でその重要性を認識している経営コンサルタントでも、難しいものです。むしろ、難しいからこそ、それを共

通言語に概念化して会話できるようにし、それを意識できるようにし、さまざまにUnlearningの仕方を工夫しているというところです。

4．Unlearningができているかの見極めの質問

　Unlearningの仕方を議論する前に、Unlearningができているかはどのように見極めるとよいのでしょうか。

　たとえば、始めて間もない経営コンサルタントを試す際には次のような質問をします。

　「10兆円のビジネスを作ろうと思うのだけど、なにをやりますか？」

　これまでに何人にもこの質問をしました。しかし、この質問はまだ答えがありません。

　なぜならば、世界で単体の事業として10兆円規模のビジネスとなっているものというのは、おそらく、自動車業界とGoogleの検索エンジン広告ビジネスとAppleのスマートフォンビジネスくらいです。トヨタ自動車の売上は20兆円を超えていますが、たとえば携帯電話のNTTドコモで約5兆円です。パナソニックやソニーも10兆円弱の売上がありますが、いろいろなビジネスのコングロマリットなので、単体ビジネスとしては当然10兆円には程遠い。つまり、10兆円のビジネスはどうつくるのかという問いは、自動車とGoogleとiPhoneの次はなにと問われているようなものなのです。即答できるものではないのです。

このような問いは、既存の知識をすべて使っても解けるとは限らない。それでもこのような問いを投げかけることには意味があります。解けない中でうなりをあげて考え抜くことができるかを見ることで、その人がUnlearningできている人かを見極めることができるのです。無理やりに答えてしまう人、例えば、知っているなにかの事業の売上をいくつか示して、それらを合算して10兆円にしてしまう人は、一見正しいのですが、新しいことをやろうとしているわけじゃないわけです。つまり、知っていることを答えているだけで、考えているわけではないわけです。そうではなくて、「うわぁー、難しいですね、これ。わからないけれど、ちょっと考えさせてください」と言って、なにもしゃべらずに最後に「思いつきませんでした」と答える人は、既存の知識に頼ろうとせずにそれらを脇に置けているため、Unlearningできているのです。

　答えがまだない問いを考え抜くというのは大変なことです。逃げたくなるのが心情です。どこかで既存の知識に逃げたくなるのです。そこを逃げずに考え抜けるか。これがUnlearningできている人とそうではない人の違いなのです。

5．経営の実務におけるUnlearningの促し方

　Unlearningが経営の実務において重要だということと、Unlearningできているかの見極め方法についてはこれまでに議論してきましたが、では、そのUnlearningはどのようにするとできるのでしょうか。

　ベテランの経営コンサルタントが、新人の経営コンサルタントに対して実践している方法は、大きくは二つあるように思われます。

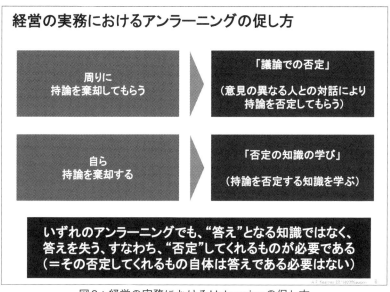

図6：経営の実務におけるUnlearningの促し方

　一つ目は、まわりの経営コンサルタントがその新人の経営コンサルタントの持論を否定してあげることです。たとえば議論で、その人が経験則に基づく固定観念で話していると思ったら、その部分を否定してあげるのです。とはいえ、議論だけでは本人が納得しない場合もあるかもしれません。そのような場合は、実際にその持論で進めさせて、失敗させてあげることでその持論を否定するのです。もちろん、失敗といっても致命的な失敗ではなく、気づきがある程度の失敗がお互いにとってよいのは言うまでもありません。このように、それまで当然と思っていたことが否定されることで、その持論を客観的に考え直すことができ、相対化できるのです。

　もう一つは、否定する知識を学ばせることです。先に、マイケル・ポーターはこう言っていた、ブルーオーシャン戦略ではこうなるのだ、と自分の考えを肯定するために知識を使う実務家がいることに

ついては触れました。そのような人たちは、自分の考えに似た本を読みたがります。一方で、優れた経営コンサルタントの多くは、自分の意見と似た本を読むのではなく、自分の意見と異なる本を敢えて読みます。そうすることで、自分の考えを否定する機会を得ることができ、Unlearningのきっかけになるのです。

私自身も、Unlearningができていない新人には、意見がかみ合わなそうな人との議論を勧めたり、異なる意見が書かれている本を勧めたりしています。

このようなUnlearningの二つの促し方において、共通してポイントとなるのは、答えとなる知識を与えることではなく、むしろ相手が答えだと思っているものを失わせる、つまり否定するきっかけとなるものを与えるということです。

その否定するきっかけとなるものというのも、新しい答えである必要はありません。新しい答えの可能性があるもの、一つの仮説でよいのです。答えかどうかは知らないと伝えて与える。つまり、それは答えだというと、考えるのを停止してしまいます。そこで、答えの可能性があるもの、すなわち、オプションを示すだけでよいのです。いろんなオプションがあるということは伝えても、どれが答えかはわからないと伝えるのが、それらのUnlearningの促し方の根底にあるものです。

いま一度、経営の実務においてのUnlearningの重要性について考えてみると、新しい局面での問題解決においてUnlearningが必要であるということをこれまでに議論してきました。新しい局面では、それまでは答えだったものが答えではなくなる可能性がある。結果的に、これまでの局面では答えであったかもしれない自分自身の持論というのは必ずしも通用しなくなる。このため、持論にこだ

わらずに、「その他」といったいままでにない部分を考え抜くことが重要になります。先ほどの10兆円のビジネスを考える問題の例のように、既存の知識に逃げるのではなく、考え抜くということです。そして、そのように考え抜くためには、いかにその既存の知識に対して、ニュートラルに向き合えるかということが大事になります。それがUnlearningなのです。

経営の実務のUnlearningというのは、それまでの持論を否定する、すなわち、反証してあげれば促すことができます。あくまでも反証するだけであって、新しい答えを証明してあげる必要はないのです。

6．Unlearningにおける大学のかかわり方

では、Unlearningは重要であることがわかり、その促し方があることも理解したとして、次に議論したいのはこのUnlearningと大学のような高等教育機関というのはどのように接合点があるのか、ということです。言い換えれば、高等教育機関で学問をLearningすることでUnlearningできるのかを議論してみたいと思います。

わたしの本業は経営コンサルタントですので、門外漢といえば門外漢ですが、実務家になってからMBAと博士課程を修了するまで大学院で学び、そして、いまは東京農工大学で教鞭をとることもありますので、その観点も踏まえて議論します。

先に結論をいえば、すべての人にとって高等教育機関で学問をLearningすることはUnlearningに効果的な方法だと考えています。

先ほど、Unlearningの促し方として、議論での否定と、否定の

知識の学びの二つについてお話ししました。最初に議論での否定について考えると、多様な人材が集まる大学のような高等教育機関というのは、議論での否定の機会が豊富な場であると考えられます。

議論での否定というのは、同じような知識を持つ同じような価値観の人たちが集まっている企業などよりも、そもそもバックグラウンドが多様な人たちの集まりである大学の方がよほど機会に富んでいます。

そして二つ目の否定の知識の学びというのは大学が得意とするところだと考えられます。学術論文になるような新しい知識というものは、それまでのなにかしらの知識を否定して生まれているはずです。このため、そのような新たな知識を生み出している大学というのは、その否定する知識に溢れている場だと捉えることができます。言い換えれば、大学というのはすべての人が自らの持論をUnlearningする上での社会的なエンジンになれる組織とも言えます。

たとえば、私自身が通っていたビジネススクールでの例をお話しします。INSEADというフランスのビジネススクールですけれども、この大学院は世界の90カ国から多様な学生を集めています。その90カ国というのを大事にしていて、フランスの大学院ですけれども、学生におけるフランス人比率にはキャップがあって、10%程度までです。同じく、学生数が多いイギリスやアメリカも同じように10%程度までで上限を決められています。このように多様性を担保することにコミットしている大学院です。こういう多様な人たちが集う学びの場だからこそ、自然と議論での否定が促され、Unlearningする機会に恵まれます。

すでにINSEADを修了してから月日が経っているため、同じデー

タではないですが、当時の議論を再現するに足る近しいデータを用いて、当時の実際の議論をお話しします。

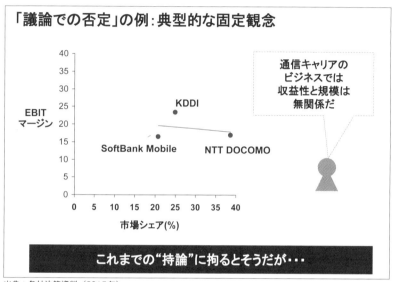

図7：固定観念の例

　この図は、NTTドコモ、ソフトバンク、KDDIの市場のポジションを説明するものです。横軸が市場のマーケットシェアです。ドコモが大体40%、KDDIが大体25%、ソフトバンクがやっぱり23%くらいですかね。もう一つの軸のEBITという指標は、いわゆる利益率の指標の一つです。これでみると、NTTドコモ、KDDI、ソフトバンクのポジションを見る限り、市場シェアと利益率には関係がないように思われます。実際、日本の携帯電話企業の人たちも、このシェアと収益性の関係の議論はあまりしません。しかし、ここにUnlearningする余地はないでしょうか。

　この通信業界におけるシェアと収益性の関係ですが、日本以外の

国々で見てみると、そこにひとつの傾向があります。タイでもインドネシアでも中国でも、市場シェアと利益率というのは、正の相関の関係があります。つまり、市場シェアが高まれば利益率が高まるという因果関係がある可能性があるのです。

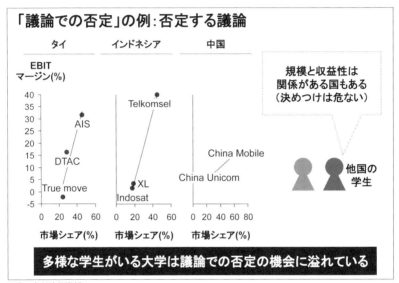

図8：議論での否定の例

　その理由は、携帯電話のネットワークというのは、市場シェア、すなわち、加入者数が多くても少なくても、立てるアンテナの数はあまり変わりません。どんなに人がいないところでも、そこで通話できるようにするためにカバーしなくてはいけないからです。このため、飛行機やホテルではないですが、いわゆる稼働率ビジネスです。一度キャパシティをつくってしまったら、そこで顧客を一人追加で収容しても追加のコストはほとんどないため、より多くの顧客を収容した方が利益率は高まるのです。このため、携帯電話のビジ

ネスにおいて、市場シェアと利益率には関係がないという議論は、さまざまな国の人が世界中から集まれば、おそらく一瞬で否定される議論です。そうやって、市場シェアと利益率には関係がないという考えをUnlearningし、冷静に考えると、なぜ稼働率ビジネスで同じ固定費をより多くの加入者を収容しているドコモの収益性がソフトバンクやKDDIの収益性よりも低いのか、という論点に気付くことができます。実際に、近年では投資家向け説明会の席などで、競合他社よりも効率的な経営ができていないのではとアナリストからドコモの経営陣に質問が増えてきているのは、このような背景だと考えられます。

このように、日本に長く居るなど、一つの環境に長くいると固定観念が生まれやすくなります。それをさまざまなバックグラウンドの多様な視点を持つ人たちと議論することで、否定され、自分自身

図9：固定観念の例

の固定観念の存在に気づき、ものごとをニュートラルに考えられる、すなわち、Unlearningできるようになるのです。

　続いて、議論での否定ではなく、否定の知識の学びの話に進みます。ここでは、先ほど議論した経営学をUnlearningに使えることをお話しします。研究開発の例で考えてみます。最近の企業だと多いのですが、研究開発部門を縮小する動きがあります。企業における研究開発部門の縮小の論理は次のようなものです。研究開発部門は新しい知識を生み出すのが仕事である、しかし、わが社の研究開発部門は新しい知識を生み出してはいない、なので、縮小した方がよい、と。たしかにそうなのかもしれないのですが、ここでUnlearningの余地はないでしょうか。すなわち、他の可能性や選択肢の余地はないでしょうか。

　ここで、経営学のある研究成果について目を向けてみます。研究開発の効用というのは、新しい知識を生み出すことだけなのでしょうか。たとえばある分野で研究開発をしようとすると、その周辺の学会に参加したり、論文を読んだりして、その分野の周辺の知識を吸収することは多々あります。すなわち、研究開発をすると、知識を生み出すだけではなく、周辺の知識を吸収できるという効用があります。このような研究開発が周辺知識を吸収する力を、経営学ではAbsorptive capacity（吸収能力）というふうに呼ばれます。ある分野の研究をすると、周辺の分野の知識を吸収でき、それが組織の中で共有されれば、周辺の分野で生まれる環境変化に対応した経営戦略の見直しがしやすくなります。

　たとえば、先ほどの通信の例でいえば、NTTドコモが携帯電話の電波の研究をやればやるほど、その近くにある、たとえばインターネットの新しい技術について理解ができるようになり、そこで

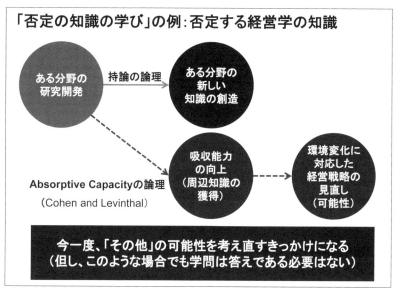

図10：否定する知識の学び

の環境変化に経営として対応しやすくなる。実際、NTTドコモは1990年当時に世界で最も無線の研究開発をしていた企業ですが、その周辺で起きていたインターネットの台頭という環境変化にいち早く対応してi-modeというヒット商品が生まれました。

このAbsorptive capacityの効用については、経営学の中ではかなり検証が進んでおり、関連する文献も多数あります。このAbsorptive capacityの論理がわかった上で、あらためて研究開発部門の縮小の議論を見直してみましょう。研究開発部門は新しい知識を生み出してはいない、なので、縮小した方がよい。この考えを反証して、考えをニュートラルにする隙はないでしょうか。Absorptive capacityの考えを踏まえると、研究所には新しい知識を生み出すだけではなく、周辺の知識を取り込んで環境変化に対応しやすくなるという経営上の効用があります。このため、研究所の

是非を考えるならば、新しい知識をどれだけ生み出したかに加え、研究開発部門を持つことによってどれだけ環境変化に対応した経営の舵切りができたかも、評価してあげることが必要と考えることもできます。そのような視点で評価し直すと、研究開発部門があったから、実は新しい事業ができていたという例があることに気付いたりします。そうすると、研究開発部門を縮小するのではなく、むしろ、拡大した方が良いという結論に辿りつくかもしれません。しかし、この Absorptive capacity という考え方は、経営学の中では知られていても、一般の実務家には知られていないのが現状で、このような知識に触れることができるという点でも大学で学ぶ意義はあると考えられます。

　また、大学は否定の知識の学びを、先行研究の研究成果からできるだけではありません。実際の体験や実験を通じて失敗することで、自らを否定する知識を身を以て学ぶことができるのも大学の特徴です。なぜならば、例えば企業と比較すると、企業で働いている中で失敗することにはキャリア上のリスクが伴いますが、大学で失敗することはリスクがない、または、相対的にリスクが小さいからです。アクティブラーニングというのが教育の流行語になっていますが、その意義の一つにはこのような体験や実験を通じて自らを否定する機会をつくることにもあるかもしれません。講義の中では失敗は起こりえません。体験や実験のように自らが主体的に動いたときに失敗が起こるからです。アクティブラーニングとはUnlearningにも効果的な学習教育アプローチとも考えることができます。

　このような固定観念を否定してくれる議論が溢れ、そして、固定観念を否定してくれる知識が豊富という点で、大学はUnlearningの場として役割を担えるはずです。

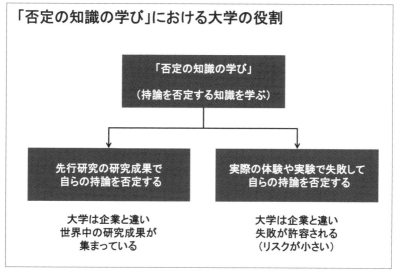

図11：否定の知識の学びにおける大学の役割

7. リカレント教育におけるUnlearningの重要性

　近年ではリカレント教育という言葉が叫ばれるようになってきました。リカレント教育とは、さまざまな定義がありますが、社会人の働くことを前提とした学び直しを意味することは共通しています。このリカレント教育とUnlearningは密接な関りがあると考えられます。このため、リカレント教育におけるUnlearningの重要性を議論して、本稿を終えます。

　近年になってリカレント教育が注目を集めるようになった背景としては、日本における働き手不足と産業構造の変化があります。

　2017年に政府が人生100年時代構想会議の中でリカレント教育の充実を政策として掲げました。マクロでは、日本は少子化により働き手不足が深刻になっています。特に大学新卒の減少は少子化によ

り避けることも変えることもできない未来です。そして、ミクロで
みると、産業ごとの人材のミスマッチという問題があります。成長
産業と衰退産業の移り変わりが激しい中で、日本では雇用の流動性
が低いために、インターネット関連産業のような成長産業で人手不
足が起きており、一方でレガシーの衰退産業において人手が過剰に
なっています。このため、マクロでただでさえ少ない働き手が、ミ
クロで少しでも人手過剰の衰退産業から人手不足の成長産業に移る
ことが経済的には望ましい姿です。

　しかし、個人レベルで考えると、これまでの産業から新たな産業
にシフトする、すなわち、転職するのは容易ではありません。成長
産業は一般に生産性が高い、すなわち、報酬が高いため、個人にとっ
ては成長産業にシフトするインセンティブはあります。しかし、成
長産業とそれまでの衰退産業では担当する仕事や働き方が異なりま
す。このため、新たな産業などの新たな仕事での新たな働き方を前
提とした学び直しが注目され、また、政府もその推進を掲げるよう
になりました。その社会人の働くことを前提とした学び直しのため
の教育がリカレント教育です。

　リカレント教育という言葉は、政府や教育機関だけではなく民間
の教育サービス提供企業でも広がり、官民挙げて社会人の再教育の
プログラムが提供されはじめました。そして、その多くは職業訓練
プログラム的なものであり、新たな産業で求められる知識や技術や
スキルを教えるものです。

　リカレント教育において、そのような新たな産業で求められる知
識や技術やスキルを教えることが必要なことは否定する余地はあり
ません。しかし、それだけでよいのかと問われると、それだけでは
足りないというのがわたしの考えです。なぜならば、これまで議論

してきたように、社会人は一定の経験があるために、それまでに培った固定観念や持論があるからです。このため、新たな産業で求められる新たな知識を教えられても、それまでの固定観念や持論を否定するような機会がないと、新たな知識を使いこなすことはできないリスクがあります。すなわち、社会人向けの再教育だからこそ、Unlearningが特に必要なのです。

たとえば、大規模オンライン講座のMOOC（Massive Open Online Course）の講義を通じて新たな産業の新たな知識を得ることは、リカレント教育の一つのアプローチとしてよく取り上げられます。その必要性は否定するものではありませんし、むしろその拡大はリカレント教育には必須のように思われます。しかし、それだけで新たな産業に転職できる人材が増えるとは考えられません。それまでに培った固定観念や持論に引きずられてしまうからです。このため、これまで議論してきたように、講義だけではなく他の学生や教員と議論して自らの持論に気づき、それを否定してもらう、すなわち「議論での否定」の場が必要と考えられます。また、同じく新たな知識の講義だけではなく、これまでの知識がいかに通用しないかを実感できる「否定する知識の学び」も必要と考えられます。このため、その新しい知識とこれまでの持論とを並列してその特徴や用途を考えるケーススタディ的な学習や、創造や発見というプロセスの体験や実験での失敗を通じて自らを否定する機会が、そのような学び直しには有効です。

このように、リカレント教育は国としても個人としても、その意義はあり、その必要性は疑う余地はないように思われます。しかし、それが「答え」となる知識を教える教育機関や「答え」となる知識を学ぼうとする学生を増やすものであっては、国としても個人とし

ても期待する結果が得られるとは思えません。リカレント教育は新たな知識を教えるだけではなく、それまでの固定観念や持論となっている知識を否定してくれるUnlearningのメカニズムが備わって、はじめて国としても個人としても期待する結果が得られるものとなると考えられます。

おわりに

　大学というのは、これからの社会において、特に実務家に対して、いままで以上に役割を担える機関だと考えます。

　いままでの局面と向き合って、反復的な実務をやっているときには、実務家にとって大学や学問というのは大して役に立たないのではと考えられます。局面が変わらないのであれば、その実務で培った経験則や持論がなにより実務に整合性があるからです。

　しかし、新しい局面に向き合うときというのは、そのような経験則や持論が通じず、むしろ、意思決定を誤らせます。このため、Unlearningが大事になります。そして、Unlearningするためには、答えは必要ではなく、とにかく否定してくれることが大事です。そのためには議論で否定してあげるか、新しい知識で否定してあげるかですが、そのふたつのアプローチを大学は得意としています。このため、これから新しい局面に向き合って成果を出すことが求められる実務家にとって、大学というのはひとつの活路であると考えます。

補論：質疑応答

質問1 大学ではなにをLearningさせ、なにをUnlearningさせるべきかの線引きはどうするべきか？

応答1 LearningとUnlearningは、この知識はLearningすべきでこの知識はUnlearningすべき、のように領域で分かれているものではなく、学習プロセスにおいて互いに連続的につながっているものだと考えています。

Learningしたことで、それがどんなに反証されないことでも、そればかりに固執するとあらゆるものごとをその固定観念で見てしまう恐れがある。だからこそ、Unlearningする必要があると。Unlearningは忘れることではなく、相対化して、覚えてはおくが固執しなくなるようにすることだと考えています。

一つ私の体験をお話ししたいと思います。

私がINSEADというビジネススクールに通っていたときに、マーケティングの授業を受けていました。INSEADの花形教授の授業で、学生からの評価も高い方でした。その授業でマーケティングを教わっていると、次第にマーケティングのフレームやスキルが身についていきます。

そして、その第8回目の授業のときに、あるケーススタディをやったのです。ケース資料を渡されて、それについてクラスでディスカッションをしました。

この企業の問題はどこにあるのか、と。授業ではそれまでにセグメンテーション、ターゲティング、ポジショニング、マーケティングミックスなどのさまざまなマーケティングの知識を学んでいました。このため、学生の間での議論では、これはターゲティングの問

題かなと議論したり、いやいやマーケティングミックスがおかしいのだと議論したりします。そのような議論が延々と続いた後に、授業の後半になって教授が、今日はマーケティングの授業だが、実はこれはマーケティングの教材ではなく管理会計のケースなのだと種明かしをします。要は、この企業はマーケティングがおかしいのではなく、管理会計がおかしいのだと。

　この授業のポイントは、君たちはマーケティングをLearningしたのだが、全てをそのマーケティングの目だけで見てくれるなよ、ということです。マーケティングを忘れろということではなく、マーケティングのLearningした知識を記憶しつつも、それに対して常にニュートラルにあれ、すなわち、LearningしたものをしっかりとUnlearningした方がよいと投げ掛けられたのだと思います。そうしないと、意思決定を誤ると。

　このINSEADでの体験はLearningのあとのUnlearningの重要性を物語るものです。

　Learningが大事かUnlearningが大事かや、なにをLearningしてなにをUnlearningすべきかというよりも、LearningとUnlearningをセットでプロセスとしてすることが重要なのだと考えています。

　質問2　Unlearningのために議論で否定をするというのは、わかるが難しい。そのコツはあるか？

　応答2　たしかに、日本において、議論で否定をするというのは大変な面があります。

　実務をしていても感じますが、日本の場合は、意見の否定イコール人格の否定になりがちで、意見を否定されると、自分が否定されたように感じてしまう。結果的に、冷静に内省してUnlearningし

なくてはいけないのに、外に向かって感情が発露することが先行してしまうシーンによく遭遇します。これが外資系企業などでは、意見の否定イコール人格の否定にはならないので、日本に特有の文化な気がします。

このため、日本では否定の仕方を工夫するというのは必要なのかもしれません。

一つの方法は、完全に否定するのではなく、他の選択肢の可能性をこちらから相手に伝えることではないかと思います。自分がこれしかないと思っていた答えに対して、第三者から違う答えの可能性を提示される。そこで、自分の考えを否定するかどうかは相手に任せて、こちらはそのきっかけをつくってあげるというのは一つの方法なのではと思います。

質問3　資格に必要な知識などは、普遍的なのでUnlearningする必要はないのでは？

応答3　現在の試験においては、それが合理的な知識だとしても、それが数十年後には違うかもしれないという可能性をどう考えるかということだと思います。

私の守備範囲の経営に近い資格だと、会計士という資格があります。この会計で考えると、必ずしも現在のルールや知識が普遍的ではないことがわかります。会計のルールでは、昔は企業の会計は、グループ企業がたくさんある企業でも単体で行っていました。しかし、いまではグローバル経営の流れで、世界的に会計基準が見直され、会計といえば企業単体の会計ではなくグループ連結での会計になりました。このため、会計士の資格の試験に求められる知識も変わりました。

このように、資格に必要な知識といえども、必ずしも、普遍的とは限りません。今のルールは今のルールで覚えることは必要ですが、それに対してニュートラルに思考し、いつかはルールの変化が起きるかもしれない、では、どのような変化が起きるのかと考え抜く力が資格の職業の人にも求められていると考えます。

文献紹介 ── ビジネスのアンラーニングに役立つ文献紹介

戸部良一、寺本義也、鎌田伸一、杉之尾孝生、村井友秀、野中郁次郎『失敗の本質 ── 日本軍の組織論的研究』ダイヤモンド社、1984 年

　太平洋戦争の日本軍の敗戦を、組織論に分析したもの。明治時代からの成功体験で培われた固定観念や持論を棄てることができず、環境が刻々と変化しているにもかかわらずにそのような変化に対応できなかったことが指摘されている。歴史を通じて Unlearning の重要性を学べる書。

スティーヴン・レヴィット、スティーヴン・ダブナー『ヤバい経済学 ── 悪ガキ教授が世の裏側を探検する』東洋経済新報社、2006 年

　「銃とプールと危ないのはどちらか」などのわかりやすい論点を並べ、通説と異なる経済学の研究結果を次々と提示する。特に、教育や麻薬や犯罪や八百長など、一般にタブー視されていて、一般人の思考が停止して固定観念ができている領域に対してそのような議論を展開している。さまざまな論点から自らの固定観念に気づかせてくれ、Unlearning ができる書。

入山章栄『世界の経営学者はいま何を考えているのか ── 知られざるビジネスの知のフロンティア』英治出版、2012 年

　経営学の最先端の研究成果を紹介しながら、それらがいかに世の中の通説と異なるかを解説する。経営学自体の限界も指摘しながら、それでも学術的な知識が一般人の固定観念に揺さぶりをかけてくれることを示し、Unlearning のきっかけになる書。

エリヤフ・ゴールドラット『ザ・ゴール ── 企業の究極の目的とは何か』ダイヤモンド社、2001 年

　小説形式で倒産しかかった企業の経営問題と経営アプローチを論じている。生産性やスループットを上げると業績が悪化するなど、一般人の固定観念で考えると理解できないような現実の経営問題を取り上げながら、固定観念で考えて問題解決を試みることがいかに恐ろしいかを気づかせてくれる、Unlearningのきっかけを与える書。

第3章

教育から学習へのパラダイム・チェンジ
「アンラーン Unlearn」を焦点にした実践をもとにして

中村　正

1．アンラーン unlearn という言葉に出会う

1）アンラーンという言葉に出会う

　今回の分科会のキーワードとなっているアンラーン unlearn とい
う言葉にこんな経過で出会いました。それはアメリカで在外研究を
していた時です。1994年から1995年のことでした。私の研究領域
は社会病理学・臨床社会学といいますが、それに関することです。
カリフォルニア州立大学バークレー校社会学部で客員研究員をして
いました。テーマはライフワークとなった対人暴力の研究です。そ
こで "Violence is learned. It can be unlearned." という表現に出
会いました。それは社会的学習理論のアプローチで、対人暴力に関
わる制度・政策の構成、臨床実践の主導的な概念となっていました。
いじめ、体罰、ドメスティック・バイオレンス（DV）、虐待問題の
広い領域で使われていたのです。このアンラーンは研究だけではな
く実践や臨床に活かせる概念だと思いました。なんと訳せばよいの
かいまだに悩んでいますが、「脱暴力の臨床」を構築する概念とし
て私の中に沈着しています。大変に難しい課題である「非暴力」に
代わるものとして私にはフィットした概念でした。

　その後、この言葉が目につくようになりました。たとえば哲学者
である鶴見俊輔さんの言葉です。景井先生も紹介されていますが、
こういう文章でした。「たくさんのことをまなび（learn）、たくさ
んのことをまなびほぐす（unlearn）。それは型どおりのスウェー
ターをまず編み、次に、もう一度もとの毛糸にもどしてから、自分
の体型の必要にあわせて編みなおすという状景を呼びさました。ヘ
レン・ケラーのように盲聾唖（もうろうあ）でなくとも、この問題
は、学校にかよったものにとって、あてはまる。最後にはみずから

のもうろくの中に編みこまなければならない。これがむずかしい。今の自分の自己教育の課題となる」（鶴見俊輔『教育再定義への試み』岩波書店、2010年）というものでした。

　鶴見さんの言葉も難しい課題を提起しているなと思ったのです。私の研究に関わり脱暴力への加害者臨床の取り組みの理論と実践のキーワードになっていくアンラーンですが、それだけではなく大学教育の実践やプログラム開発そして大学院創設等にかかわりアンラーンを考えていくことになります。アンラーンは脱学習、学びほぐし、学習棄却、学び直し等の訳があります。なかなか適訳がありませんし、文脈で異なることがあるので、ここではアンラーンとカタカナ表記にしています。

資料1
暴力は学習されたもの。それは脱学習されうるものだ。
男になるってこういうことなの？
1994年に米国のサンフランシスコ市保安官事務所発行のポスター（1994年在外研究時に資料収集したもの）。

2）私自身の大学でのアンラーン体験

　アンラーンの考え方に惹かれたのは、自らの学習体験をうまく説明してくれたからです。1989年に勤務し始めた立命館大学はもう30年なります。1977年に立命館大学に入学したので学生や院生時代をあわせると40年を超えます。もちろんそれ以前の学校体験にもアンラーンが活きています。「教育と学習の自分史」を見つめ直すためにも貴重な言葉だと思いました。

　学んでいたキャンパスは大学が密集していた京都市の中心部（河原町広小路）にあったのですが、今はありません。アンラーンへの関心をもたらしてくれたのはその街（＝社会、地域）なのです。そして大学がいまほど教育に熱心でなかったことも奏功しました。マスプロ教育といわれ、特に大規模私学の社会科学系の教育条件は悪いものでした。学園紛争後も大学の矛盾は解消せず、いやもっと先鋭に、「私学の矛盾」として存在し続けたのです。しかし勉強する熱意と意欲は学園紛争時代とは異なる様相をみせていきます。70年代の学生たちは勝手に勉強をしていました。いわば自主トレです。これが一番、血肉化していくのです。

　社会は問題だらけで、学ぶべき現場は教室外にあり、街には刺激に満ちた隠れたカリキュラムがありました。学術系サークルがあり学生同士が切磋琢磨していました。アンラーンへと向かう私の学びの原体験です。街の誘惑が有意義だったのです。そこに参加して学んだことがいまに生きています。私は法学部にいたのですが、法の下の平等や生存権を勉強している大学の知と社会的現実は異なりました。痛切に感じたのは、社会的差別をはじめとした社会問題でした。私は部落問題を学ぶ研究会に属していました。

　学びのコミュニティが大学の内外にシームレスに広がっていまし

た。学びの機会はカリキュラムや教室の外側にありました。社会そのものが学び場でした。大学の教育力ではなく、社会的現実に照らして自らの学習する力が試されていたのです。教えられるのではなく自ら学ぶことに力を注いだのです。自主的に学ぶ学生に教授たちも応えてくれていました。授業で質問するより、自主的な学びの場に教授を引き出してきたのです。大学の枠も超えていました。その時に応答してくれた教授の顔は輝いていました。一種のプロジェクト型の学びです。大学を超えて、学部を超えて学びのコミュニティがあったのです。とくにそこに参加している少し上の世代の院生の役割には目をみはりました。社会的な現実に飛び込めばいいということではなく、それを言葉にしていく際に学問はやはり必要でした。大学では勉強会をひらくようになりました。当時は大学の夜間部も全盛で、夕方から夜間にかけてのキャンパスの熱狂はたいそうなものでした。ミネルヴァのフクロウは黄昏時に飛び立つのでした。老成した知の体系には敬意を表して勉強した記憶があります。

　長く学校にいるので、私の個人史の多くはこうした大学体験史となります。大学の教務の仕事（立命館大学では教学部といいます）をしながら大学教育のあり方としてアンラーンを重視すべきことを考えていました。その当時はFDという言葉もなかったのですが、事実上、それに近いかたちで教育に関心が向かいました。今回、アンラーンを中軸にしていろいろ考える原点が幾層にも重なる学びの体験の物語としてあるのです。

3）阪神淡路大震災後とオウム真理教事件後の大学づくり

　ひきつづいて起こった社会的な出来事や事件がアンラーンの契機となりました。それは1995年の阪神淡路大震災でした。そして同

じ年にあったオウム真理教地下鉄サリン散布事件です。オウム事件の実行者たちは高学歴だったので、大学はどう責任を取るべきなのかということを考え続けていました。大学のあり方と学び方の工夫の必要性をせまったのです。そして東日本大震災の2011年へと続きます。内省がさらに働きました。そのオウム事件、2018年、元幹部たちは一気に死刑となりました。これでは何も解決できません。社会が加害と向き合う方策にいまだに解はありませんが、死刑は真相を封じてしまうだけでしょう。刑罰制度がアンラーンできていないのです。さらに災害も多くあり、教訓はたえず先送りされていきます。それでもその都度のアンラーンを試みることになります。こうした社会的出来事や事件や震災のたびごとにアンラーンが重なります。アンラーンはシステムの更新を意味します。パソコンでいえばOSの入れ替えです。これはイノベーションといえるものです。それまでのシステムの改革を要請したのが1995年なのだと思いました。

　1995年以降、このFDフォーラム開催の母体となる大学コンソーシアム京都ができていく経過を体験してきました。その時から大学間競争という言葉が流行し始めたのです。しかしコンソーシアムは連帯と連携の取り組みです。競争よりも協働がかぎでした。その独自なプロジェクトとして大規模なインターンシップ・プログラムを開発しはじめたのです。後に述べますが、5年プロジェクトとして実施した「NPOスクール」です。その後、立命館大学の教学部というところで仕事を長く担当することになります。その一環でもあるのですが、新しいタイプの大学院をつくることにも関わりました。臨床心理学を含めた対人援助にかかわるプロフェッショナル人間科学分野に相当する研究科を開設、展開したのです。これらの教

育開発の取り組みをアンラーンの視点から一般化してお話します。また、これらの話は立命館大学という巨大私学（3.2万人近い学生）の現実との格闘でもあります。本来は学園紛争で問われる課題であった大規模私大の矛盾の解決、つまりシステムのアンラーンなのです。こうした経験からいえることを記していきます。

4）「移行期」の学びとアンラーン

　大学がユニバーサル段階（進学率が50％を超える大衆化）に到達したので、私の大学時代、1970年代後半期の進学率、37％前後に比べると実に様々な教育に関わる取り組みが盛んになっています。ひとことでいえば「学校化」している感じもします。システムになればなるほど、うまくできているなと思うのですが、違和感があることも払拭できません。教育しすぎると「教育の逆生産性」が現れてくるからです。アンラーンがないと「大学の学校化」という事態が進行するだけでしょう。教育をきちんとすることは大衆化した大学なので当然のことで、それを支える保護者の期待や希望も感じます。その保護者の意識を支えているのは社会の意識ともいえます。多層的にアンラーンの仕掛けが求められているといえるでしょう。

　つまり、学校化すればするほど大学のもつ学び直しの役割を同時にアンラーンとして可視化、言語化しておく必要があるのだと思うのです。アンラーンは学び続ける社会人としての卒業生の活躍をみるにつけ、意識的に大学改革に組み込んでおくべき課題だと思うようになりました。アンラーンの視点が必要だと思うのは、卒業生たちが生涯かけて学び続けているからなのです。それは私の大学時代の学びの姿と同じです。街のもつ知的刺激はいつもアンラーンを求

めていたのです。大学の学びはそれでよいのだろうかと。私が街で学んだことと卒業生たちの学び続ける姿勢が重なります。社会の激変期を働き盛りとして生きていて、いわば移行期の学習転移の力を発揮している、つまり状況にあわせて学ぶ力を身につけているのが卒業生たちです。これはまさしくアンラーンなのだと思いました。

　では、社会のなかで持続的な学びをしている卒業生たちは、学生時代に何を学んだのでしょうか。時々会う卒業生たちは、直接学んだことの内容ではなく、柔軟な考え方、問題の見方やとらえ方、手続き的な知識、他者との協働を語ってくれました。ひとことでいえば「学び方を学んだこと」を証言してくれています。現代社会は、絶えず変化する状況へと自己が投げ出されていきます。保護区のようにして存在している大学までの学びを終え、社会にでて実践のなかで試されていきます。変化に対応する力が求められます。挑戦的な課題、挫折への対応力も求められます。卒業式はコメンスメント、つまり何かの始まりであることを意味することが象徴的です。人生は絶えざる移行の連続です。高校生から大学生への入学、そこで機能する初年次教育、卒業とキャリア教育も、社会人の学びも、離転職や定年準備もすべて「移行」を意味します。その時に発揮できる力、異なる場面でも展開できる力は何かということに関心がむかいました。

　しかし内実は、青年から成人への移行期が長くなっています。これを脱青年期といいます。概ね、20歳代いっぱいかけて成人へと移行していきます。その脱青年期を乗り越えるのに大学教育はどのような役割を果たすことができるのかという問いになります。しかし、にもかかわらず民法改正があり、2022年までに18歳で成人になる社会制度を整備することになりました。青年の自立の課題は

20歳代全般かかるのに、18歳で成人です。このギャップを埋める
ことに大学教育は関心をもつべきでしょう。20代いっぱいかけて、
いろんな試行錯誤をしていくようになっています。不確実な社会の
なかで移行期がたくさんあります。そうすると「学習転移力」が問
われます。そのたびにアンラーンすることになります。不確実な時
代にも対応できるような学びをどうするか、大学時代の広い意味で
の学びにかかわる「至高の体験（happy experience）」をどう組織し、
協働していけるかが大事だと思います。脱青年期を生き抜く力と、
社会人になってから自分の職業行動を洗練する行動を自らどう組織
できるかです。アンラーンする力を組み込まないとキャリア構築で
はない負のスパイラルに陥ることもありえるでしょう。

　自分の職業行動をどう洗練するかについて自分でマネジメントで
きるか、リフレクション（内省や省察）できるかどうか、自己を再
構成できるかどうかが大事になります。この力を20代いっぱいか
けて過ごす脱青年期、さらにその前段階である大学時代に、どうい
うふうに組み込んでおくのかです。ラーンとアンラーンの適切なバ
ランスを大学教育に仕込んでおくことがますます求められていると
実感しています。絶えず自分をリフレクションしていくアンラーン
の視点が有効となります。

5）正の学習転移と負の学習転移

　こうして私はアンラーンという言葉に釘付けとなりました。アン
ラーンの考え方を大学の日常の学びのなかに取り込むことがどのよ
うに可能なのかと考えました。そこで、「学習者が中心となる教育」
を重視すべきだと考えました。2007年度から2012年度まで立命館
大学の教学部門の担当になるのですが、その際の諸政策に通底する

テーマとして提案しました。学びは、教える者、つまり教員中心ではないという思いを強くしたのは、自らの大学時代の学びがそうだったということに行き着くのです。学生たちの学習姿勢に共通している点、それは思考・認知の発展と非認知的な発展の双方とが相互に関わり、学習者としてのアイデンティティの形成がすすんでいくことに気づいたからでした。教授すること、正式のカリキュラム、教室での勉強や学習やその指示、教科書や参考書の読書指定、正統な知の摂取とその評価、自己理解と他者理解と世界理解の相関性等の、教育と学習を取り囲んでいる一回り大きな学びの時空間と学ぶ者のマインドがあると思いました。

　そこにみえてきたのは「学習」と「学習者」でした。アンラーンする主体は学習者です。学ぶ内容だけではなく、その内容は学生が生きているコンテキストに届かないと知としては腑に落ちていかないのです。自分のこと、社会のこと、学問のことがつながらないと、単なる学校での「公式の学び」として形骸化していくと感じたのです。単位取得ゲームに堕ちていきます。

　個々の学んだ内容は忘れてしまいがちです。しかし、どのように学ぶのか、手続き的な知識が印象に残ります。さらにどうしてこれを学ぶのかという意味づけや「学び方を学ぶこと」の大切さ、真理の探究と大学の役割等も残ります。世界のことを「自分のこと」にするとはどういうことなのか、これは教室で教えてもらうことではありません。自らの物語が必要なのです。そこで教える者、つまり「教育者」とその営みである「教育」とは異なる次元で学生をみつめるために、「学習者」と「学習」という言葉で把握するべき状況や実践や理論がみえてきたのです。

　そして「学習者としての成長」という観点からみると学習を疎外

第3章　教育から学習へのパラダイム・チェンジ

しているものが視野に入ります。アンラーンのためには、学習する力の成長を邪魔しているものをアンラーンしなければならないのです。これを「負の学習転移」といいます。アンラーンはこれまでの学習のすべてを否定するものではありません。「正の学習転移」とは場面や状況に会わせて過去の学習体験や学習方法をさらに自由に応用できる過程のことですが、「負の学習転移」は前の学習経験が応用を邪魔しているという事態です。アンラーンは狭義に理解するとこの点に関わるのです。せめて「負の学習転移」を意識して大学でのプログラムを組んでおきたいと思ったのです。これらの諸点は行論で指摘していきます。

2. 社会のなかでの学びを組織する
──「NPOスクール」におけるアンラーンの試み

1）地域と協働で取り組むNPO人材養成─「NPOスクール」の背景

　この「正の学習転移」を実行するために活用したのが、いまでこそ社会のなかに定着した感のあるインターンシップ、サービスラーニング、コーオプ教育、インディペントスタディ（セルフディレクテッド・スタディ）等の仕組みでした。バークレー校にいたとき、アメリカの研究大学の教育システムを観察していました。それについてまとめたレポートがあります（中村正「新しい学びのシステムとスタイル」『大学創造』第5号、高等教育研究会、1999年）。日本では設置基準の大綱化がなされたので、本来は自主的な教育の仕組みとしてこうした教育手法が開発されるべきだと考えていました。1995年前後はまだまだでした。企業へのインターンシップだけではなく非営利組織、行政やNGOにも展開したいと計画したのです。大学と地

93

域が共同して新しい教育プログラムをつくりたいと考えて始めたプロジェクトです。すでに現在ではインターンシッププロジェクトやNPO・NGOは定着したので過去の取り組みの紹介となりますが、阪神淡路大震災後の大学教育で最大限に取り組むことのできたアンラーンの仕掛けだったこともあり、一つの記録として一般化できる部分について記しておきます。

「NPOスクール」は1998年から2002年までの5年のプロジェクトでした。これは、地域における大学間連携組織である財団法人大学コンソーシアム京都が媒体組織となって、学生・院生、NPO・NGO諸団体、コミュニティ・サービス事業者、自治体の共同による新教育事業としてはじめたものです。毎年、30名前後の学生をNPO・NGOでサービスラーニングの手法で就業させ、並行して1年間のスクーリングを行うというプログラムだったのです。正課科目です。どの大学からでも受講可能な単位互換科目です。受け入れNPO・NGOも徐々に増えていきました。こうしたプロジェクトを発足させた背景は次の4点にあります。

第1に、若年層での就職動向の変化（新規学卒就労者の40％近くが就職後3年以内に転職する事態だった当時の状況）を受けて、仕事の理解のきっかけとしての就業体験制度を導入すること、第2に、地域の活性化につながるコミュニティ・サービスに焦点をあわせてNPO制度を活用して人材育成と地域振興をはかること、第3に、異質な人たち、セクター、団体、発想を融合する仕組みを作りだすことでイノベーションのマインドを養成することです。

特に、当時はNPOそれ自体への関心が高まりつつあったことを背景にして、大学のまち・京都で学ぶ学生たちの学び方それ自体を刷新したいという思いもあり、「NPOスクール」と名付けたプログ

ラムを始動させたのです。1998年度は37名の学生が、1999年度は34名が、2000年度は23名が、2001年度と2002年度は20名がNPOでインターン生として現場に入りながら、次の4つの点に重きを置いて、地域での人間育成とコミュニティ・サービス活性化のためのプログラムに取り組みました。

　まず第1は「アクティブラーニング」という視点です。文字通りに訳せば「能動的に学ぶ」という意味となります。自らが主体的かつ積極的に、そして自発的に問いを立ててその答えを求めることをしかけています。「問題発見型」の学びを重視しているということです。問題を発見することから始まって、先行する議論の整理、必要なデータ収集等を経て問題に対処し、解決の糸口をさぐるという活動に携わり、そして最終的に研究レポートとしてまとめるという一連の作業を、関心を共有する仲間とともに議論しながらすすめていくのです。地域のNPOのみなさんの力を借りて、地域の課題を発見するというスタイルをとったのです。

　第2に、「学びのコミュニティ」形成という視点です。先人たちが蓄積した文化、知識、技術の積み重ねを若い世代が継承し、発展させていくのが「学び」です。私は寺山修司さんの書名をもじって「書を持って、まちに出よう」というキャッチコピーをつけました。大学という殻に閉じこもるのではなく、社会に出て人とテーマに出会うことが重要だと考えたからです。出会いがあると学んでいることが生きてきます。インターンシップ制度やサービスラーニングをツールとして活用しました。対応する分野の知識を学びながらの新しい学びのスタイルです。一人ひとりの個人が点として賢くなるために、学ぶ環境を面として豊かにするプログラムを意図したのです。学びのコミュニティが機能するということは環境が学びを誘発

するということに他なりません。

　第3は、「NPOの専門性」を活かすという視点です。NPOセクターが発展するには、当該分野の専門職として自立しなければなりません。NPOでインターンしながらライフデザインを描くことを支援するという点では、当該団体での仕事の質が問われることとなります。受け入れ団体にとっては刺激があるかもしれません。学生たちも、ただ社会のなかに出ていけばいいということではありません。社会という現場は、たしかに最先端の知識が生成する場です。しかし、やはり現場は忙しく、動きがあり、情報が激しく行き来しています。だから、知識が必要なのです。しかもNPOというフィールドにふさわしい発想と知識が求められているのです。

　さらに実務的知識や法制度的知識も必要でしょう。「NPOスクール」は、毎週のスクーリングを重視しました。担当者として私が総合コーディネーターになり、TAのようにして数名の大学院スタッフを確保しました（この時に活躍した院生たちはNPO等での実践を積み重ね、現在、多様な分野で活躍しています）。院生たちによるチュータリング、インターン先のスタッフによるゲスト・スピーチ、受講生同士の討論等をとおして、切磋琢磨の場をつくっています。最終的にはインターン先で実習したことをレポートにまとめる作業を行い、受け入れたNPOに還していきます。

　そして第4に、「地域に根ざした学び」という視点です。京都は伝統的に住民がNPO活動の担い手でした。京都という地域における古都の魅力、文化の蓄積、学問の伝統を活かすしくみとしかけを考えてNPO活動家育成システムが構築できるとよいと思っていました。たとえば、京都にふさわしく、観光を活かしたまちづくり、伝統産業の再生、少子高齢社会における福祉のあり方、環境問題の

解決、多文化共生のための国際交流、芸術や文化による潤いある人づくり、宗教空間の再利用等です。

「NPOスクール」の取り組みをとおして、NPO団体が連携し、1999年には「きょうとNPOセンター」が発足しました。ここを拠点に、福祉ボランティアによる移動サービス事業体、ボランティアコーディネート組織（きょうと学生ボランティアセンターやユースビジョンとして各地の若者の力を集めています）、福祉サービス評価事業体、コミュニティラジオ事業体などが動き出し、地域活性化に役立つ動きの核となったのです（後述します）。

NPOが成長するためには雇用セクターとして成熟が必要なのです。ボランタリーな活動領域で働くということが大切となります。そのためには非営利事業としての収益も含めた本格的展開が求められています。「NPOスクール」という学びの仕組みづくりの環として、地域活性化に向けてコミュニティ・サービス事業を起こし、NPO団体組織化、雇用創出などをつなげていくこととしました。

２）多様な協働の取り組みとして

「NPOスクール」は大学コンソーシアム京都が行ってきたインターンシップ・プログラムの一環でした。当時インターンシップは日本では十分成熟していませんでした。単に企業に就職するための就業体験だけの意味づけでは狭いです。学びとしてのインターンシップの確立が必要だと考えていました。あくまでも学びをプログラム化することを考えました。学びなので単位にできるのです。「NPOスクール」は5年のプロジェクトとして動き出しましたが、内実は「長期間サービスラーニング」なのです。インターンシップは米国を中心に拡がった枠組みです。私たちの取り組みは、内実は

コーオプ教育（Cooperative Education）やサービスラーニングと呼ばれる概念に近いものとして展開しました。大学の垣根を越えて演習にして、各大学でそれを自由認定科目で単位にしてもらいました。深い学びとなります。インターンシップが「就業体験」を目的としているのに対し、「コーオプ教育」は地域と大学が協同して、学生の専門分野、職業選択、能力開発、個人的関心等を配慮した教育プログラムとして展開されるべきだと考えたのです。「NPOスクール」プログラムはこのコーオプ教育をモデルにし、あくまでもインターンという言葉は便宜的に使用しただけです。

　プログラムは、概ね10カ月程の定期的な現場実習の「長期間サービスラーニング」、それと並行したゼミ形式の授業を行うことで、現場での疑問を持ち寄ったり、インターン中の悩みをうちあけたりします。日常的には学生・事務局・活動先の受け入れ担当者との間で連絡体制を取り、学生が現場で体験することについてより深い意味づけが促されるようにしています。連休前後に参加者を募り、7月までマッチング作業を行い、事前学習をします。サービスラーニングする非営利団体を決め、仕事を開始します。年度末の1月をめざしてレポートを書きます。それはサービスラーニングとして展開する仕事の課題と不可分にかかわるリサーチ課題についてです。3月には受け入れ先の担当者も交えてかなりの規模での報告会をします。それで1年間のプログラムが終了します。学部の2回生から大学院生まで幅広く参加がありました。大学、学部、学年、大学院を超えて集まるのです。

　NPO・NGOの組織は企業や自治体に比べると多様です。こうした組織で教育プログラムを実施する際には、送り出し側での組織的な学びのバックアップが必要です。医療、看護、福祉、教育の場で

は資格取得に関わり法定の実習が組まれていますが、こうした分野では何事も初めてでした。もちろん事前学習と最中の学習も組み込みました。まだまだ生成途上であったNPO・NGO分野の知とは何かという問いを常に投げていました。受け入れ団体のスーパーバイザーたちの会議も組織して同じような問いをだしていました。阪神淡路大震災における学生ボランティアの活動の隆盛は一定の落ち着きを見せていたことから、ボランティア論だけではないNPO・NGO論としての実践の知の生成に貢献しようとしたのです。将来NPO分野に携わる層を量的に拡大するためにも、1年間という長期の体験プログラムを考えたのです。

3）長期サービスラーニングの仕組みを活用する

　社会と出会う、実践と出会う、大人と出会う、街と出会う、そうした学びは従来の教えられる、受動的な、教室における公式の学びをアンラーンすることです。私の大学時代の学びの体験を取り入れると「NPOスクール」というかたちになったのです。自生的な学びのプロセスです。自律的な学習者の姿でした。

　この「NPOスクール」の発想は私の学習体験に由来します。学生時代の学びは「あいだ」にありました。人間と人間、大学と大学、大学と社会の「あいだ」です。教科書の知識と社会的現実の「あいだ」も重要でした。それと学びは夕方からだったのです。そこで学んだことがとても多かったのです。学んだ場所は京都の大きな学生街でした。大きな大学がいくつもあったので、大学を超えていろんなつながりが存在していたのです。インターカレッジな活動は活発でした。それはまた学園紛争とは異なる意味での学生運動でした。

　こうした体験を1995年以降の時代で再現させたかったのです。「長

期サービスラーニング」するとなると、その団体は重たい仕事を引き受けることになります。非営利分野でインターンシップをしていくと、行政や企業もそうですけど、プログラムを高度化しなくてはならないのです。引き受ける団体側では組織の諸活動に参加してもらうことを軸にして学びのプログラムを組んでもらいます。NPOをはじめとした社会の側に大学教育の一環としても活用できる人を育てるというプログラムが充分成熟してなかったのですから、これは双方に難題でもありました。受け入れ担当者と送り出し担当者を決めて連絡を密にしていきました。企業内研修や人材開発は組織内部のことですが、大学教育としての、いま風にいえばキャリア教育も未開拓でしたが、社会と接点をもった学びは大学教育では希薄でした。週に一度の大学での演習も組みました。知的言語化を引き受けます。その受け入れ団体の教育力が問われることになるので、組織力の強化にもなると考えたのです。

　並行した演習で学生たちは内省する力を身につけていきます。実践と理論の往還です。好循環ができることを願っていました。実践は「長期サービスラーニング」なので相当な活動量になります。文科省が定める単位取得時間には収まらないものがあります。それでも学生たちは乗ってきました。しかし組織された自主的な学習なのでボランティアともまた違います。こうした仕組みをとおした学習ニーズは相当ありました。私の学生時代は当然だった社会のなかでの学びなので普遍的なものなのでしょう。やはりこういう学びに学生たちは飢えていたということがわかりました。

　阪神淡路大震災後にボランティア活動への関心が飛躍的に高まりました。その後の復興過程も長期化していくことが予想されたので、NPOとしての法制度が確立されたことに象徴されますが、一

種の知的で実践的な「災害ユートピア現象」(『災害ユートピア—なぜそのとき特別な共同体が立ち上がるのか—』レベッカ・ソルニット著／高月園子翻訳、亜紀書房 2010年)が持続していきました。今まで潜在化していた関係性が構築されていきます。「ボランティア・ハイ」ともいえます。しかもそれが一過的ではなく持続したのです。NPO法が制定されたのですから、ボランタリーセクターが社会のシステムとして生成したのです。これも社会のなかのアンラーンです。意識の高揚や覚醒だったと思います。

　1995年に大学生だった人たちは、現在40歳を過ぎました。その時の卒業生らしく多様な創造性を発揮しています。1995年に2回生だった学生が40歳になっていて、どのように2011年を経たのか、その後もひきつづく震災があり、3.11は原発事故も重なる複合大震災だったので、これをどう経験したのかも関心があります。阪神淡路大震災を経験し、意識の高揚や覚醒を経た学生たちがその後どんな人生を歩んでいるのか、会うたびに話をしています。「一年間サービスラーニング」やコーオプ演習を含んだ「NPOスクール」をとおしてどんなラーンとアンラーンがあったのか追跡調査をしたいと思っています。特に「正の学習転移」についてです。

　大学はこうしたタイプの学びの概念を欠落させていました。前に述べたように実習系科目はありますが、あくまでも資格取得のためのものです。資格系以外の実践として、手段としての「一年間サービスラーニング」やインターンシップやコーオプ演習をとおして身につけていく学習の理論が要請されていました。そこで構成されていく学びの概念が重要なことを痛感したのです。

4）地域との協働 ― 創造的な組織を開発・展開

　さらに地域と協働した取り組みにするために、中間支援組織としてのきょうとNPOセンターという組織をつくり、これを受け皿として、地域の側でのサービスラーニングの拠点を組織することにしたのです。この種のセンターをつくろうと思った狙いはさらに別にあります。NPOによる市民社会の活性化です。単に法人の種類が増えるという制度改革ではなく、非営利活動という領域を拓き、そこを拠点にして市民活動を盛り上げていくことでした。そのために、お金を寄付として回す銀行、市民がスポンサーとなることのできるラジオ放送局、NPO・NGO分野の人間育成の仕組み、大学でのこの分野に関わる知の創造、それの知恵者集団の組織化、いろんな対人援助の諸組織、民間、民際外交をどうするかに市民の力を組織すべきだと考えたのです。それらをまとめてシビックガバナンスと位置づけ、あらゆる分野で活動できるようにNPOセクターを育てあげるための組織が必要だと考えたのです。

　またNPOの創業も必要でした。たとえば京都ではNPO法人ではじめて電波を発信する免許をとりました。コミュニティ放送局の京都三条ラジオカフェといいます。1998年のことです。私も「ハッピーNPO」という番組のパーソナリティをやっていたこともあります。ラジオはメディア、つまり媒体なのでなんでも内容が搭載できます。市民セクターのラジオです。スポンサーは市民や個人やNPOです。その後、震災地域でもコミュニティ放送は活躍するようになりましたが、さらに京都府の舞鶴や京都市内北区でも開局しています。他局開局支援もできるようになりました。これはインターネットでも放送しているので、京都ローカルですけれども、グローバルです。このメディアには若者はすごくノリがいいです。ただ、学生

たちのノリに任せると、番組の質が低下し、単なるおしゃべりになっていくので、番組のクオリティ維持のために放送局の関係者を集めて講座をしてもらいました。電波は公共のものなので、責任があります。

　それから、お金です。資金繰りが組織活動では大事です。そこで融資の仕組みづくりを構想していきます。ミヒャエル・エンデの思想をイメージしていました。具体的には、寄付の文化をつくり、組織に融資する仕組みとして、公益財団法人「京都地域創造基金」が2009年に誕生しました。初代理事長は深尾昌峰さんです。NPOスクールにも関与してくれ、きょうとNPOセンターの立ち上げの立役者です（現在は、龍谷大学政策学部准教授です）。この組織は、コミュニティバンクのモデルです。地域の困りごとを解決するための寄付の文化をつくりだすために組織されました。この基金への寄付金については寄付金控除等の税制上の優遇措置を得られます。お金を貯める銀行ではなく、お金を動かすもうひとつの銀行です。地域や個人のなかで眠っているお金を社会活動に回す発想は、国際的にスタンダードだと思います。ソーシャルインパクトボンドとも言われるものもあり、新しい仕組みで、お金を市民社会の活性化に役立てるように環流させるのです。お金を社会に回す仕組みを考えたのですね。

　さらにNPOスクールのような人材育成の仕組みが組織的に展開されていきます。地域公共政策に関わる専門的な学びの仕組みを創出した「一般財団法人地域公共人材開発機構」が龍谷大学を拠点にして2009年に動き出します。地域に根ざした大学での学びを複数の大学で構築したのです。

　こうした動きを支えているのは市民活動に関心を持った人々で

す。地域を拠点にした学習の仕方の変革を伴って、下から応えていくために創られていきます。この活動を支えているのは1995年の阪神淡路大震災にボランティアで活躍した学生たちでした。その時に共通の声があがりました。それは「このまま就職していいんだろうか」という声でした。しかし、ボランティアをやり続けるだけでは飯は食えないので、この志と、自分たちが感じた熱気、社会がサポートしてくれたいろんな絆を基礎にして仕事にできないかと考えた学生たちがいたのです。

　これに社会は応えるべきだと私は思って、私なりにできることをしていったのです。行政はどんな風にこれらの動きに応えるのだろうか。これは民間の力です。これに対して行政がどう応えるべきかについて、このままでの行政でいいのだろうか、官民連携に相応しい社会の仕組みの創出に関心がむかい、こうした諸活動が実にアイディア豊かに展開されていきます。そのために事業を興すタイプの中間支援組織である「きょうとNPOセンター」をつくったのです。1998年のことです。最初は年間予算80万円からスタートしたのです。その後、1999年10月に特定非営利活動法人として運営を開始しました。2003年には、京都市から「京都市市民活動総合センター」の運営委託を受けて、京都初の市民活動支援専門組織の運営を担い現在に引き継いでいます。

　これらは「京都初（発）」のソーシャルチャレンジでもあります。非営利組織の評価認証専門機関である「一般財団法人社会的認証開発推進機構」（2011年）も生み出していきます。また、2014年には、きょうとNPOセンターの一つの領域であった部門が有限責任事業組合（LLP）「まちとしごと総合研究所」として独立し、京都というフィールドを越えて、多様な社会的価値創出の可能性にむけて動

き出しました（きょうとNPOセンター・京都新聞社社会福祉事業団編『京都発NPO最前線―自立と共生の街へ』、京都新聞社、2001年。平尾剛之・内田香奈著『京都発NPO最善戦―共生と包摂の社会へ』京都新聞出版センター、2018年等に詳述してあります）。

　これらは創造的な市民活動と考えています。ソーシャルイノベーションであり、社会問題の解決をかたちにしていく組織構築でもあります。既存の問題解決ではなく、アンラーンしていくソーシャルデザインでもあります。社会の中での学びは課題があふれかえっているので題材に事欠きません。それを学習のシステムとスタイルとして構成していくことが大切だと思います。私の大学時代、勝手にやって自生的に存在していたものを一つの学びとして組織化していくことが、「NPOスクール」の狙いでした。今風に言えば、PBLやアクティブラーニングとなるのでしょう。NPOやNGOの定着と活性化による市民社会の力を育むことに大学の学習をとおして貢献するということなのです。これらの創造の源泉は明らかに阪神淡路大震災でした。現在NPOが社会に根ざしつつあることからすると、さらに現代社会では社会の価値の多様化ではなく対立という場面が多いので、社会的な正義と公正、不平等、格差等を背景にした開発課題としての持続可能な社会づくり（SDG's）を対象にしたPBL、サービスラーニング手法の取り入れ、能動的市民の育成や社会的連帯を対象にしてこうした取り組みがなされていくことになると思います。

3. 人間科学分野での新しい学びの組織化の経験
　　── 対人援助学の創造をとおした専門職のアンラーン

1）アンラーンを活かした大学院に

　アンラーンの視点を専門職養成にも活かしたいと考えて新しい研究科（大学院）の開設にも取り組んできました。アンラーンについての一つのケーススタディとして話をします。立命館大学の大学院研究科として対人援助にかかわる専門家養成のセクションを開発しました。これは阪神淡路大震災後の人材育成の必要性による高等教育の規制緩和を背景にしていました。具体的には、心のケアという言葉やメンタルヘルスの重要性や少子高齢社会に対応するために、心理、福祉、教育の諸分野で学部や研究科の増設が可能となったのです。震災後にPTSDという言葉が社会に定着したことも背景にあります。1990年代の人間と人間関係をめぐる社会の変化とヒューマンサービスをめぐる諸課題への応答ともいえます。

　しかし当時の大学には厳しい定員抑制がしかれていました。自由に開設できる状態ではなく、新しい人材育成の必要性があることが必須で、原則抑制政策でした。ニーズの高い必要な分野については、定員を増やしてもよいという政策でした。その分野が対人援助の分野だったのです。学問的には心理臨床学であり、社会福祉学、教育心理系分野でした。少子高齢化社会のケアの担い手を養成する、こころのケアの専門家を養成する、学校心理系のスクールカウンセラーが必要という位置づけの抑制解除でした。

　ですので、新しく設置するなら立命館大学の教学理念に即してこうした分野の位置づけをしていきたいと思っていました。1995年の阪神淡路大震災後の社会課題をどのように引き受けて行くべきだ

ろうか。またオウム真理教事件の教訓化も欠かすことはできないと考えました。人間と人間関係をめぐる社会的状況としてこれらをとらえ直し、立命館大学の教学にあわせて展開させていくということを基本に置きました。その視点としてアンラーンを活かした開発としたかったのです。学部教育はどちらかというとラーンが基本です。いったんセーターの編み方を教えなければなりません。そこで大学院でアンラーンとなるように工夫をしたのです。

さらにその後3.11の東日本大震災と原子力発電所の事故の体験をしたことで教育の理念を常に再確認していくことになります。何かが単線的に発展してきたということではないと思います。繰り返しています。単にその分野の定員を増やしてもいいからとか、臨床心理がブームだから創ろうということではなく、そこでどんな高度専門職を養成すべきか、どんな人間理解にもとづくべきなのか、縦割りの支援と援助の制度体系をどうにかできないだろうか、医療モデル的な支援との関係をどうすべきなのか等について開設準備に携わった教員や職員と議論をしていたことが活きてくるのです。

こうした新しい教育の創出にかかわるエネルギーは、90年代の社会をどうとらえるのかという変化の大きな渦を把握するなかからでてきたのです。規制緩和政策に際して社会の深いところで動いていたものを私たちがどうくみ取るべきか、そこに大学の責任として、人間と人間関係の変化という社会事情に、あるいは人間の苦悩にどう応えたらいいのかということを議論していたのです。したがって、単純に臨床心理や対人援助や人間研究の分野を創設すればいいという議論はやめようとなったのです。抑制の例外事項に指定され、枠が緩んだから、この際何かを作っていこうということではなかったのです。きちんと理念を立てて、大学としてこういう人間

科学分野を是非作っていきたいという志でした。その際に既製の枠を超えていく、アンラーンを仕込んでおくこととしたのです。

2）阪神淡路大震災とオウム真理教事件のあとの学びに必要なこと
― どんな人間科学分野にするか

　先述してきたNPO領域以外にも、阪神淡路大震災とオウム真理教事件は日本社会に新しい言葉を定着させました。PTSDをはじめとした傷つきと被害、支援と臨床、回復や復興、つながりときずな、当事者、ボランティア、災害ユートピア等の言葉です。それらがリアルに日常化していきました。オウム真理教問題はその負の側面を可視化させていきました。その後さらに3.11や幾多の震災をとおして同じ事が重なってきます。原子力発電所問題は科学技術のあり方そのものや生活の仕方への反省を迫ります。1995年以降に蓄積してきた臨床の人間科学の共有をしつつ、さらに未来を見通す、しかも問題に直面している「いまとここ」の実践現場を大事にするという臨床家的目線と、回顧して展望するという教育者の目線と、科学的なエビデンスを重ねていく研究者の目線のクロスを重要視していきたいと思ったのです。それらをさらに人間科学、さらに対人援助学、支援の政策と制度デザインへの提言という具合に社会へと打ち出していきたいと考えました。まとめていえば「臨床の知の体系化」です。

　あわせて、社会それ自体の再帰性と反省性をも高めていけるように「社会と臨床」という関係を重視していくべきだと思いました。単に次々と臨床の課題を背負いこんで、領域を拡大すればいいという直線的な問題ではないと思います。

　また、こんなことも考えました。創設した研究科は独立研究科（立

命館大学の応用人間科学研究科という名称です。2001年開設です。2018年からは人間科学研究科に改組しました）でした。学部がありません。後で専門を確定していくための大学院です（late specializationといいます）。どの学部からでも可能です。18歳時点の学部選択は早すぎる面があります。それから、年齢も問いません。対人援助に関心をもつ社会人もどうぞ、どんな人でも来てくださいとしました。当時の言葉では昼夜開講制といいます。夜間だけでも修了できるようにカリキュラムを組みました。特に社会人、あるいは対人援助の現職にある社会人と一緒に学んでいく仕組みを作りたいと考えたのです。結果として社会人と現役学生半々ぐらいにしたいなと思っていました。社会人特別入試も実施し、立命館大学でははじめての昼夜開講制の独立研究科として応用人間科学研究科はスタートしたのです。

　独立研究科として開放的にしたいと考えたのは対人援助とヒューマンサービスの現状を憂えたことに由来します。たとえば看護学は4年制大学化の動きがありましたが、実践と理論の融合と連携をめざす応用人間科学研究科にたくさんの看護師の方々が来てくれました。看護系の大学院ではないにもかかわらずです。看護学を超えたい人に来て下さいと訴えました。ひきこもりや不登校の問題があって教育に関心が向かいます。でも、それを教育学としてやりたければ、教育学研究科に行ってくださいとお勧めしてきました。心理臨床が大きな関心でした。資格のことに関心が向かい、受験資格を得ることのできる指定大学院になろうと計画しました。確かにそのことで受験生は多く来てくれます。しかし、ブームだからといって、資格が欲しいという理由だけでの進学動機では困ります。狭い意味での心理臨床学であれば別の大学院がいいかもしれませんと説明を

してきました。もちろん制度としてある大学院なので、受験生を確保しなければいけません。これらはなかなか言いづらいことでした。

　この応用人間科学研究科は特定の学問に特化しない臨床と支援の知を創造したいというミッションを構成しました。別のディシプリンを創るのではない、別の形の知のモデルを提案できるような、プラットフォーム型の知がどうできるかのかについて考えたのです。なぜなら、臨床と支援の現場は、常に、絶えず連携が要請されます。連携だけではなく融合ということも重視しました。融合していく根拠は当事者の視点です。援助者中心のパラダイムだと臨床と支援は縦割りに傾斜していきます。資格と専門が明確にあるからです。そして治療する者とされる者というリニアな援助観が医療モデルとして流通しています。援助者中心の発想です。憂えたことはこの点です。これを何とかしたかったということです。専門分野に細かくわかれていくことで、あるいは資格ごとに整理されていくことばかりだと人間を統合してみていく観点が弱くなるのです。専門知の支配です。

　しかしこの過程ではいくつかの困難がありました。それは、2001年度については日本臨床心理士資格協会第一種指定大学院の指定が受けられなかったことです。第2種指定となったのです。これは大学院修了後に定められた時間の実習をする必要があります。大学院は社会制度であり、社会的存在ですので、資格（受験資格や基礎資格等）取得はあたりまえですが前提です。臨床人間科学あるいは応用人間科学、そして諸学の融合と連携を意図した対人援助学的な関心でカリキュラムを組むことと、協会が定める標準的なカリキュラムとの整合性に苦心しました。私たちの理念に照らしたカリキュラ

ム、あるいは養成しようと思う人材像からすると、ディシプリンを積み上げて行くような形ではない、もう少し問題や現場の要請にそくした連携と融合的なものにしたかったのです。そうするとスタンダードとなっているカリキュラムと離齬がでてきます。どの分野でもあることだと思いますが、人間と人間関係の理解を基本にし、社会と臨床の関係を重視でき、治療的な関係性を広く考えることができるような人間を育成したいというミッションにしたのです。

3）学び続ける社会人のアンラーンのために

この間に専門職大学院制度が構築されました。法律の専門職、教職、MBA分野等です。社会の要請に応えることと資格取得のための大学院とは別ですが、社会制度をもとにした資格なので、取得のための過程はラーンが基本とならざるを得ません。アンラーンとは距離があります。そこでアンラーンの視点を含み正の学習転移となるようなきっかけをつくること、そして資格取得後の継続的研修の重視や学び続けることへの動機づけを行うこととしたのです。対人援助にかかわる社会人の高度研修となるようにしたのです。

まとめておきます。大学院におけるアンラーンの第1は、したがって「資格制度」との関わりです。大学院の専門職養成がずいぶんと変化しつつあります。文系の大学院ニーズはまだまだ高くありませんが、知のあり方の変貌をももたらすほどの変化は専門職分野でおこっています。大学の知の脱制度化ともいえるでしょう。法律職や教職、心理職やさらに看護や福祉職分野では資格がないと仕事ができません。若い時代の資格取得のための学習はラーン重視なので、資格を得て働きだしてからの継続的研修のなかにアンラーンを仕掛ける必要が日本では重視されていくのだという発想です。その

後、公共政策分野、経営管理分野等の関心がもたれていきます。社会のなかで専門職としての地位がある分野では文系でもニーズがあり、それは再教育、研修、高度化、更新制という多様な形態で、社会人ニーズとしても顕在化していくと思います。大学院の資格学校化と言いましょうか、そういうことと関わって大きく変化していく渦中にあるといえます。

　こうした事態は、大学人としての私たちが考える理念とは合わないことの方が多いのではないかと思います。しかし社会的存在としての大学が責務を果たさなければならない面もあります。この折り合いをどう付けようかと随分悩みつづけています。幸いなことに、法科大学院や教職大学院ほどには制度、資格、名称と実践が一致している領域ではありません。臨床心理士は大事な仕事ですが、国家資格ではないことの意味は大きいと思っています。その後、現在は公認心理師という国家資格が制度化されました。こうした資格をめぐっていろんなせめぎ合いがあることが、その資格はどんなことをするのか等を考えていける機会になるので、ある程度必要な議論だと思っています。それはどんな資格なのか、何をする人たちなのか、サービスの対価はどの程度なのか、職業倫理や説明責任のあり方はどうしたらいいのかと問い続けることができるからです。心理や福祉の仕事には医師や弁護士のような業務独占ではなく名称独占が多いので、実践を積み重ねつつ内実を構築していくことになります。

　第2に考慮してきたことは「医療化」と関わる諸点です。臨床の分野は「医師の指導のもと」にというパラメディカル領域として位置づくと制度化がすすみます。そして不可欠に資格と関わっていきます。そしてそこには大きく「市場」があります。needsとwantsのはざまでいろんなことがみえてきます。制度化と資格化は医療化

もしくは医療モデルとして実現されていきます。クライアント中心というアプローチを大事にしたいという点を強調すると、wantsが扱われ、支援者を中心におくと、needs対応が前景化します。利用者中心とおくと、ウォンツの側面をどうするべきなのかが問われます。その接点に「権利擁護を志向する対人援助専門職者の養成」というコンセプトをおきました。advocacy-oriented professionというミッションです。つまり、当事者中心の対人援助とは何かということです。

　各種の福祉サービス、自立支援、家族面接、教育実践、心理相談、地域支援、司法臨床、連携サービス等、対人関係にかかわることが重視されていくのが現代社会です。制度や学問は縦割りや分業がありますが、人間はまるごとで生きています。その全体性においての支援とは何かを考えることのできるケースマネジメントやケースワークの実践をもとにして、そこから導出され、その事例を見つめるケースセオリーが構築でき、その背景にある基礎的データを踏まえることのできる、どんな大学院教育があればいいのか絶えず考え続けなければならなかったのです。この経過は多様なことを私に教えてくれました。

4）ある院生のアンラーン

　アンラーンを意図した研究科の修了生はユニークです。ある院生のことを紹介します。立命館大学の産業社会学部を卒業して、応用人間科学研究科に入学した学生です。ラグビーをしていた高校生の頃に事故にあいました。首から下が動かなくなりました。高校の過失と賠償と責任はどうなのか。先生たち、そして監督さんや、スクラムを組んでいたときの事故ですから、そのラグビー仲間たちも傷

つきました。その経験をもとにしたとても意義のある修士論文を書くことができました。彼の修論を指導しながら、担当者の私もずいぶんと勉強になりました。彼はその後、損害賠償請求の裁判をします。でも真意は別のことにありました。そういう法的な形でしか高校との関係をもつことができなかったことに悩んでいました。本来は対話をしたかった監督やコーチや、当時の仲間たちと疎遠になっていきます。事故後のクラブでスポーツと安全のことについて話をしたいというのが彼の願いだったのです。決して高校の責任だけを責めるつもりはなかったのです。

　ところが損害賠償という司法の枠の中に入っていきますと、話し合いがしにくくなります。距離ができてきます。このことに悩んで、最終的には大学院で「修復的司法」ということについて勉強しようということになりました。既存の裁判の形式では彼の本意は実現しにくく、何かを接合する必要を感じていたのです。話し合いという、彼の本来の希望をかなえる司法の制度はどうあるべきなのかということを、彼は自らの障害のある自分を受け入れ、そして研究テーマとしてそれを客観的に論じ、何か自分の中でも整理しなければいけない課題に直面して、修復的司法というテーマに出会いました。裁判は進行していきますが、話し合いたい人と話ができなかったことの苦しさがあったのです。

　対話のチャンネルを開くために修士論文で調査をするということを通して対話を実現させていきます。テーマを掲げて、その人たちと話し合いの場を持ちました。それはヒアリングやインタビュー調査という形です。もちろん形はリサーチですが、内実は修復的対話という面をもっています。これが従来の研究の手法から見てどういう具合に客観性をもつのか、自分の経験をとおして、事故をめぐる

加害と被害の関係、スポーツ法学的な視点の獲得、再発防止のあり方、無過失保証の論理、修復的対話の技法等、こうした事案をとおして社会が必要としていることを透視することに主眼が置かれていきます。中学で武道を導入することへの留意点も議論の結果、深まっていきました。また、手法としては当事者研究ということもできます。The first person sociology という言い方もあり、この点でも深まりました。このやり方は彼にとっては必然的で、リサーチという手法を使って自分の人生を再著述するという試みでした。この再著述という言い方は後に紹介するナラティブセラピーのマイケル・ホワイトの言葉です。

　また別の言い方をすると、「法と心理」に関わる新しいテーマを、自らの身体とその経験、裁判体験、リハビリテーションを通して考えていったわけです。大学で当時の監督やコーチにインタビューをしたのです。念願かなったのです。当時の仲間たちと対話する機会を作っていくことになります。こうした取り組みを通じて彼は母校に帰ることができました。元ラガーマンとして現役の高校生たちと話をすることができました。講演依頼が来ます。事故のリスクがあるので注意をしてプレーをしなさいという話をしに行ったのではないのです。いかに自分がラグビーを愛しているかを話しに行ったのです。ですから、安全のことは是非考えてほしい。学校の管理者にもそういう話をしたようです。そんな風に堂々と母校に帰ることができて、現役のラガーマンとも話をすることができたようです。

　そうした一連の取り組みは、修士論文の研究の取り組みとして進んでいきました。彼の取り組みによって損害賠償の裁判当事者としての、白か黒をハッキリさせるように作用する、切れた関係だけではなく、つながる関係性へと変化していきます。修復的対話の本来

の機能です。法と心理の領域にどう返すか、ひとつの事例のなかから貴重な概念が生成してくることがよく伝わってきました。調査をしながらのものだったので、コミュニケーションモードとしてもよかったといえます。そして彼は「禍害」と被害という言葉を使って自らのライフストーリーを描いています。修復的司法による対話を可能にしたリサーチを行い、母校で「スポーツと安全」についての講演ができるところまで修復できたのです。ボトムアップの知としての修復的司法論となりました（ここで紹介した彼の出来事や研究的人生の歩みについてライフストーリーとして編み上げて書いています。対人援助学会の公開雑誌である『対人援助学マガジン』に連載中です）。

4．実践知のアンラーン
── 省察する専門人はアンラーンが必要

1）社会臨床という視界を拓いてくれたアンラーン

　こうした思考は私の臨床実践とも関わっています。私は臨床社会学としていくつかの実践に関与しています。その一つは少年刑務所です。さらに虐待する親たちと一緒にもう一度家族をどうやってやり直すかという児童相談所の家族再統合事業です。DV加害者の脱暴力へのリハビリテーション（更生支援）もしています。加害者臨床、司法臨床とも言います。このテーマに関心をもって30年以上経ちますが、暴力と虐待から脱出するための、家族も含めた、そして地域や社会、男性と攻撃性の関連というテーマも加味し、脱暴力への臨床の技法も含めた新しいアプローチを模索していました。

　世界あちこち行きながら見聞を広げてきたつもりです。この経過のなかで、伝統的な臨床とは全く違う視点からセラピーのあり方を

考えようとしていたマイケル・ホワイトとの出会いが大きかったのです。それまでの臨床とは異なるもの、つまりアンラーンでした。ナラティブセラピーの提唱者のホワイトに直接会いに行きました。シドニー大学に在外研究していたときです。南オーストラリア州都のアデレードという美しい町のセラピストなのですが、世界的規模で活躍しています。そのときはレイウェイン・コンネルという男性性研究の重鎮にもお世話になり、シドニー大学に在籍しつつ、ナラティブセラピスト、ナラティブセラピーの発祥の地、アデレードに通いました。2003年から2004年のことです。

　これはとてもインパクトのある学びでした。たとえば、南半球から世界を見たらどう見えるかということも教わりました。これはなかなか見えない視点でした。分かりやすく言えば英語圏の中では「辺境の地」です。元々囚人を送る島でしたから。ニュージーランドにも行きました。ニュージーランドのナラティブセラピーのデイビッド・エプストソンとも出会いました。同じような視点をもっていました。

　またキャンベラにあるオーストラリア国立大学にジョン・ブレイスウェイトという修復的司法の提唱者がいます。彼の理論を参考にしながら修復的司法アプローチを脱暴力実践に活用できないかと以前から考えていたのです。私の中でナラティブセラピーと修復的手法という言葉が出会う接点です。これは、先住民たちの葛藤の解決の仕方に由来するといわれています。修復的司法の源のひとつには太平洋に点在する多くの島々の紛争解決の文化がありました。オーストラリアでいえばアボリジニの紛争の解決の仕方でした。ニュージーランドでのマオリ族の文化もそうでした。ここから学んだということになります。白か黒かをつける近代的な手法の仕組みだけで

はなくて、グレイな領域をどう扱うのか、白か黒かではない手法で葛藤や紛争を解決する技法と理念はどんなものか、その運用はどうするのか。もちろんそれは伝統的な共同体の問題解決の方法であることが多いと思います。とはいえ、伝統的な共同体を過剰に美化することもできませんし、単純に文化相対主義でもありません。アボリジニ社会のDVや虐待が大問題になっているからです。先ほど元ラガーマン院生の話をしましたが、彼の話がここに重なります。単に共同体の問題解決の仕組みを模倣するだけではなくて、そこの肝となっていることを現在の社会でいかに用いるのかということだと思います。そこにナラティブセラピストたちの苦心もあったようです。

　オーストラリアのアボリジニは、先住民として抑圧された文化と社会の中に生きています。平均寿命も白人に比べると15〜20年程短いのです。福祉のサービスも48歳から受けることができます。刑務所の中の人口も大変多いです。抑圧の帰結としての精神衛生上の、心理臨床的な課題と問題を数多くもっています。その先住民たちの臨床的課題にどのようにセラピストが対応したらいいのかという問題となります。社会の中に適応させればいいのか。しかしその社会は、彼ら／彼女らにとっては生きにくい社会でもあります。その社会の排除的な側面を放っておいて臨床活動はどうあるのかということをナラティブセラピストたちは考えていました。生きにくさ、あるいは誇りが大事にされていない、過去の傷がまだまだ消えていない、そして何より白いオーストラリアは謝罪をしていないというそんな環境があるのであれば、そこの社会と集団のありようや、関係性のありようをどのように視野に入れるか。しかし、他方でそこで悩み、病むアボリジニの個人がいる。その社会の臨床性と

個人の臨床性をどうつなげるかということがオーストラリアでも
ニュージーランドでも関心を持たれていたのです（これら諸点につい
ては対人援助学会のデジタル公開マガジンに書いています。中村正「社会臨床
の視界（6）臨床の知の「植民地化」について‐どんな言葉と文脈で対人援助
を考えるか‐」『対人援助学マガジン』第6号、2011年）。

　アメリカでのセラピーは、個人主義の文化を背景にして、中産階
級の苦悩に焦点を当てる過程で発達してきたといえます。つまり中
産階級の文化の典型です。そのまま輸入できないということをオー
ストラリア社会の歴史のなかで感じたマイケル・ホワイトは、ナラ
ティブセラピーとして体系化していくことになります。その経過に
私は関心をもったのです。

　オーストラリアはベトナム戦争に加担をしました。オーストラリ
アの北部は、ニューギニアを隔てて近い地政学的な位置にありま
す。そこから傷ついた兵士たちが帰ってきます。その兵士たちは
PTSDというテーマを抱えています。セラピストは社会復帰を主題
にする支援をします。そこでホワイトは悩みます。どんなセラピー
をすればいいのかについてです。私はこの悩み方に感銘したので
す。

　マイケル・ホワイトは「どんな立ち位置であるべきなのか」と問
うたのです。軍人たちをベトナムに送ってしまって申し訳なかった
というポジショニングができないと信頼関係が成立しないといいま
す。これは大変厳しい問いかけだと思いました。こんなことをひき
うけているセラピストが日本にどれだけいるだろうかということも
考えました。考えているセラピストは多くいると思いますが、やは
り彼のように言語化すべきです。ナラティブセラピーとしての真骨
頂です。ここの声を活かさないと、単に輸入セラピーの技法として

導入するだけに終わるのではないだろうかと常々思っています。どんな領域でもいまや「ナラティブ」は大流行です。でも違和感もあります。何か肝心のことが抜けているなと私は思っていました。だから、直接行って話をして、何がエキスなのか、どうしてナラティブセラピーという言い方をしなければならなかったのかを質問したりしながら、勉強したいと思ったのです。そういうセラピーというものがあるとしたら、それはどういう臨床性を持って社会の中で立ち位置を考えていけるのかの具体を知りたかったのです（マイケル・ホワイト著／小森康永，奥野光訳『ナラティヴ・プラクティス－会話を続けよう』金剛出版、2012年11月。マイケル・ホワイト著／小森康永訳『セラピストの人生という物語』、金子書房、2004年3月）。

　このポジショニングの問いが欠けると「支援する－される」という関係になっていきます。アボリジニを抑圧するオーストラリア社会は白豪主義政策でした。White Australian Policyです。こうした歴史と文化のなかでセラピストはどうあるべきなのかとホワイトは問題提起をしているのです。「あなたたちをベトナムに送り出して申し訳なかった」という立ち位置、これを彼は「共犯関係」と言ったのです。とても強い言い方だと思いました。また、私が滞在していた2003〜2004年段階では、白いオーストラリア社会はアボリジニに謝罪をしていなかったのです。だから和解ができていないのです。民族の誇りが回復していないのです。名誉が踏みにじられたままなのです。そんな中でセラピーをしなければいけないということの辛さをナラティブセラピーは感じ取っていたと思います。ベトナムからの復員軍人たちとのセラピーで感じ取ったその立ち位置への感受性がない限り、それは本当のセラピーではないと、彼は問題提起をしたのです。アボリジニ問題でも「問いの形」は同型です。

マイケル・ホワイトの他にも社会と臨床のことを深めたいと思い手がかりをもとめていました。フランツ・ファノンの本もよく読みました。フランスの植民地マルチニック島出身で、アルジェリアで精神科医として仕事もしたのですが、精神医学や精神分析学という西洋の知を内面化し、白人社会で生きる黒人の内面を語る言葉の繊細さに心打たれていました。植民者の学問で被植民者の自己を理解することのジレンマというか「あいだ」にあることの苦悩です。『黒い皮膚・白い仮面』（フランツ　ファノン著／海老坂武ほか訳、みすず書房、1998年）というタイトルににじみ出ていると思います。どんな精神科を目指せばいいのかという「問い」の再構成になります。これもアンラーンなのだと考えられます。

　それからロバート・J・リフトンのアプローチも参考になりました。アメリカ軍の精神科医で広島を体験しています。精神医学の疾病分類DSMにあてはめるだけでいいのだろうかと悩みます（ロバート・J・リフトン著／桝井迪夫ほか訳『ヒロシマを生き抜く』〈上〉〈下〉—精神史的考察、岩波現代文庫、2009年7月）。マイケル・ホワイトも白いオーストラリア社会のセラピーのあり方に苦悩していたことと重なります。もちろん他にもたくさん影響を与えてくれた社会と臨床とめぐる思索と実践はあります。臨床は、人に寄り沿っているだけでは見えてこないものが視野に入ります。なんらかの「臨場」性をもっていると考えています。「場」があります。修復的対話の場をつくったラガーマンもそうでした。関係性ともいえます。これをさらに包み込んでいるコミュニティがあります。これを「臨地」と言います。地域に臨む。その地域の成り立ちを重視するのです。こういう広がりのなかで臨床と支援を捉えたいと思っています。この広がりを是非、射程に入れることができるような知を模索して、2018年度に

人間科学研究科に再編し、博士後期課程を開設しました。公認心理師制度が発足したこともあり、今後はますます資格取得後の社会人向けの専門の継続した研究的な実践が必要になると考えてのことです。

2）臨床の場－コミュニティの重視

　ですから心理臨床は単独ではあり得ないということになります。オーストラリアのナラティブセラピストたちは自らを「コミュニティ・ワーカー」と称してもいます。コミュニティの中でどのように臨床性が立ち上がるかということを考えています。そうすると福祉や教育や医療・保健の人たちと連携しなければなりません。しかし個別の臨床的課題もあります。アルコール依存症があると狭い意味での治療が必要になります。あるいは薬物はアボリジニにとっての大事な儀式でも使われていました。それを近代社会で禁止します。このこととの調整をどうしたらいいのかということ等、全てが問われていきます。この「問い」を大事にしていることを感じました。「コミュニティ・ワーカー」と称していることは、大震災の後の、カルトの被害の後の、そこにすむ人々の回復としてあることへの、地域での臨床心理やコミュニティ心理学的な関与が大切だと思う私の感覚と重なりました。

　しかし、福祉のサービスには制度をとおして国家が透けてみえます。自立の概念にそれが典型的に表現されます。福祉が想定する自律と自立像は、このアボリジニの現実に合うのだろうかと問わざるを得ません。国家は厳然として存在している。でも地域のレベルで考えるとまた違う姿が見えてくる。ナラティブセラピーはコミュニティという言葉を重視するのですが、こうしてみるとコミュニティ

には重たい意味がでてきます。

　それらのことは1995年の阪神淡路大震災とつながります。それとはまた別のテーマを社会病理として表現していたカルト問題が私のなかでは大きくあります。オウム真理教問題です。これらの1990年代がひとつにつながっています。

　こうした同時代意識や感覚からすると、定員拡大の例外として人材育成の急務となっている分野に指定されたのですが、どうしてこの対人援助分野の必要性が浮上したのかと社会の深部から考え、とらえ直して新しい分野の創造にむかいたいと思ったのです。これを既存の学問分野の上で文部科学省が定数の枠を上げたから何かを接ぎ木して臨床分野をつくればいいのかという具合には私には聞こえてきませんでした。

　そこには何か社会の大きな渦があって、大学も考えていく責務があるのではないかと考えました。それが人間研究分野の大学院や対人援助学会の設立につながっていく、大げさに言えば精神史的な背景です。もちろん後から意味づけたということもあるかもしれません。動機は後付けであることも多いです。しかしその方向性にあり、動きながら明確にしてきたことは確実です。当時担当していた者としては、こうした雰囲気を感じていたのです。そして現在を迎えます。今も同じことを感じています。何か繰り返している感じがします。

3）問題解決だけに安住せず、「問い」を再構成できる力を養う

　立命館大学の法科大学院と応用人間科学研究科と協同で「司法臨床」という科目を開設しています。連携していく領域が多くなっていきました。弁護士と心理士の協同科目です。家庭内暴力対策をは

じめとして、法化社会は人間科学領域と連携してニーズがでてくることになると想定しました。また、教育、看護、福祉、医療と家族の関連は日本社会では無視できません。家族的なものや擬似的家族も入れるとさらに広がりがあります。発達障害の課題も同じく多様な分野の連携を要請しています。臨床と支援の制度設計には公共政策領域との連携が要るでしょう。

　これらは「連携と融合」として位置づけた応用人間科学研究科のミッションです。このミッションを体現したカリキュラムをチームティーチングで領域横断的に「クラスター」という科目群として組んでいます。現在は人間形成・教育臨床、家族機能・社会臨床、発達・福祉臨床、障害・行動分析の4つのクラスターを組織しています。もちろんモジュールなので組みあわせは変化していきます。対人援助の諸領域を縦割りとせずに課題と方法の連携や実践の融合をめざしたのです。クラスターはチームティーチングのかたちです。それは「知の工房」のようにして社会と臨床の関係を考えていくための場として機能させてきました。

　大学人の多くは、答えのない問いを問い続ける学生も育てたいとも思っているはずです。答えのない「問い」を自分で立てることができる程に問題解決思考を重ね、先にある問いの再構成を目指します。「問い」それ自体を再構成できる力を養いたいと思います。社会の中にそんなにシャープに答えがあるわけでないと思います。その答えも別の問題をはらんでしまうということは、「問題解決行動が問題となること」を指摘した短期療法、家族療法、アディクションセラピーあるいは家族システムという関係性を重視するシステム論的な臨床の知の成果です。明確な答えがないからこそ、答えを求めることを通して、逆に、新たに「問い」をたて、それを調べ、言

語化し、臨床と支援の実践の場をつくりながら、「問いを問う知を」構築していくことです。解決すべき問題を生起させることそれ自体への問いを含んだ次元の異なる解法を探求すべく、社会のあり方へと再帰させるという問題解決行動を知的に行えることは、レベルが高いと思います。問題解決を指向するのが臨床と支援の入り口ですが、答えだけだと対処療法です。「問い」を立て直すこともできるようになりたいと思います。「問題解決型の知」は物事のある一面です。こうして、臨床の知から既存の概念の再考を迫るテーマはたくさん生成してきています。これからのプロセスはアンラーンそのものです。

　さらに東日本大震災と原発事故を体験したので、今までの「問い」ではすまないと思います。相変わらず何かを繰り返しているのかなとも思いました。循環しています。しかし、一人で空回りをしているわけではなくて、多くの同僚たちや一生懸命、修士論文を書いてくれる院生たちがいて、確実にまわっています。この力は、やはり社会的連帯の、大げさに言えば力です。阪神淡路大震災、オウム真理教事件、テロとの闘いなのか不安と恐怖との闘いなのか不明となっている9.11も経由して、90年代にかけてこんなことを考えてアンラーンと大学院での関係づけを試みてきました。

5.　自己のなかに「学びの理論」を構築すること
── 創造力の源としてのアンラーン

1）社会のなかで学び続ける力としてのアンラーン

　アンラーンの観点から思い出すエピソードがあります。ヤクルトの古田選手の話です。今の学生たちは現役の彼を知りません。コ

マーシャルの中の古田さんしか知りません。彼は立命館の卒業生です。彼が日本プロ野球選手会の会長をしていたときのことです。2004年です。そのときストライキをやったのです。1リーグ制になるかもしれないということでした。フリーエージェント制の導入も議論になっていました。古田会長が指揮をしたそうです。9月だったのです。ペナントレース最終盤にストライキです。選手からすれば戦績に影響します、打率に影響します。興行主に対しては興行収入が減ります。そのときの彼のストライキ指導がとてもうまかったといいます。

　私が教学部で仕事をしていたときに、ベースボースクリスマスがありました。これはプロ野球選手たちがオフシーズンに、ちびっこ野球に指導をする企画です。クリスマスオフに地域と触れ合う企画です。立命館大学の滋賀県びわこくさつキャンパスを貸してほしいとプロ野球選手会の幹部が相談に来られたのです。大学には大きなグランドがあります。滋賀県のちびっこ野球たちにユニフォームを来たプロ選手たちと触れ合いさせたいと訪ねてこられたのです。

　「どうして立命館なのですか」と私が聞きました。「古田選手の卒業した大学だから」と言って、そのときにこの話をしてくれたのです。ストライキは社会の信頼を得なきゃならない。国民の支持を得なきゃならない。そのとき古田会長が、一軍、二軍含めて、地元のちびっこ野球の指導をしなさい、単にストライキをするだけじゃなくて、その日は地域に帰るべしという指示をしたというのです。そのことが功を奏して、スタープレイヤーだけじゃないですよね。すべての選手がユニフォームを着ていくと、子どもたちは、どんな選手であれ、プロの選手なわけです。かっこいいわけです。プロの選手として自分に敬意を表してくれたエピソードを話してくれまし

た。いつもテレビでみる有名選手ばかりじゃなくて、ユニフォーム
を着て、そこに来る選手たちは、みんな立派なのです。あこがれで
す。地域の中で役立っている、期待されていることがわかります。
その選手たちはいずれ退団し、セカンドキャリアを作ります。プロ
野球界を去る日がきます。そのときに、プライドを持って去れるか
どうかはたいへん大事なのだと幹部の方が話してくれました。多く
の選手たちがプロ野球界にいたことに誇りを持って引退後の人生を
生きていけるかが大事だと話をしてくださいました。これをセカン
ドキャリアといいます。

　この話はプロ野球だけではなくて、スポーツアスリート全体にい
えることだと思いました。確かに、ピークを過ぎ、スランプを体験
し、選手生命を終えるときに移行していく力の着いた選手のことを
アスリート・パーソナリティが身についているといいます。同じよ
うに正の学習転移です。選手会の幹部たちはこのことを指摘してい
たのです。さらに、ドラフトで高校から指名されてやってきます。
若い力です。でもその後の、持続的な学習に社会人教育として野球
機構は責任をもちたいと思うとも話をしてくれました。セカンド
キャリアを作るのに、彼のストライキ指導はたいへんうまかった。
リーダーシップです。この一連の話に私は感銘を受けました。

　私はセカンドキャリアという言葉を、人生をどうやってやり直し
ていけるか、つまずいたときに、あるいは変化をするときに、つま
り「移行期」にどうやって対処できるかがものすごく大事だと話を
していると感じたのです。そのときまでに培った学習力とは何なの
かをぜひ体系化したいと思ったのです。別の言い方をすると非認知
的な能力です。優良可として知識量として推し量ることができる、
短期的にわかりやすく可視化できる学生たちの力ではなくて、その

中で、どうやってこの非認知的な能力を養成し、実践に活かす能力、つまり移行期に正の学習転移としてアンラーンする力が身についているのだろうかが関心になったのです。アスリート・パーソナリティとして構成されていくカギです。卒業生の多くの仕事にこのアンラーンの力をみたのです。

2）生き抜く力

　さらに私がもうひとつ大事にしているのはWHOがいうライフスキルのコンセプトです。これがどうやって学生時代に身についていたのだろうか。サバイバル力です。もちろんこのライフスキルの能力の中には、薬物を使う、使わない、暴力をふるう、ふるわない、これにはデートバイオレンス問題も入ります。それからいろんな人間的能力が入ってきます。それと何のための知識なのかという価値づけがあります。社会問題の解決と知のあり方に向けて、阪神淡路大震災もあったし、3.11東日本大震災もあったし、他にもいろんなことが世の中起こるので、学生たちは敏感にこのことを感じ取っています。現在風にいえばSDG'sでしょう。持続可能な社会創造の諸課題として体系化されていることへの応答です。持続可能性は若者の未来それ自体です。自分のことと社会のことのつながりは、私たちの時と同じように未来に生きることを考えればつながってくるのです。大学が押し付けるまでもなく、これらをめぐる学習の目的がそこにみえてきます。社系、文系問わずSDG'sには関心を持つので、ここについてどんなディレクションができるかも学習力のひとつの大前提です。われわれなりに見れば教育力をつける際のひとつのディレクションです。

　立命館では人間研究分野の開発をしてきました。総合心理学部、

応用人間科学研究科の再編と人間科学研究科開設、教職大学院の開設です。あわせて教養改革も担当しています。この新展開に際してニーズを調査しました。あなたにとって心理学の学びはどうでしたかという調査です。卒業生の調査をしたら、年代を問わずに覚えていたことは、ハトの実験でした。つまり実験、手続きなのですね。手続き的知識と言いますけれども、手続き的知識のことはとてもよく覚えていたのです。心理の専門家になっているわけではないのですが、どんな分野の人でもそれが応用できていることがとても印象的でした。別にハトじゃなくてもいいのです。ある種の知的でロジカルな、手続き的知識が記憶に残っていたのです。学生たちは鮮明に記憶に残しているようでした。分野を問わずにそれぞれにあるはずです。私は学部は法学部だったのですが、印象的なことはリーガルマインドの話です。ドストエフスキーの『罪と罰』や森鴎外の「高瀬舟」をもとに法学的思考についての話をしてくれた講義がありました。こうしたことは鮮明に覚えています。これは学ぶ理念や目的ですね。

　その調査した卒業生たちの反応は実に多様です。手続き的な知識、知識以前のマインド、領域特有の思考への関心等があります。コンテンツ（内容）とフォルム（形式）ともいえます。学び方としての形式を保持しながら、社会人として生きるなかで正の学習転移をしているのです。教員たちはどうしてもコンテンツを入れようとするので、このずれですよね、これを学生たちはずれてもいいのですが、自分たちなりにマネジメントして、統合していくはずなのです。それを統合させるのは、社会の現実です。ここを大学教育でどうやってシミュレーションしてあげるか、予期的社会化といいますけど、これをプログラムにするかが鍵です。社会にでた後、学んだ

ことを方法として活かし続けるための省察力をつける、それがアンラーンになるのだと思います。

3）学びの過程における上下関係をなくすことの大切さ

　アンラーンを理解するために、学習の理論についてもいろいろ学んできました。生涯かけて学び続ける人になるための理論は生涯学習や社会教育の分野で蓄積があります。まず、パウロ・フレイレの生涯教育や識字教育から多くのことを学びました。パウロ・フレイレは、元々はブラジルの教育学者であったのですが、ユネスコの識字の理論化になっていく考え方をつくります。教える者が読み書きのできない人が体験しているこの世界のありようについて、文字を教える者が文字を教えながら学ぶ過程として識字教育を定義していくのです。識字教育はどうしても文字を持つ者・持たない者の教育という関係性ができてしまいます。支援する者・される者と同じです。こういう関係性では上下関係、つまり権力性がでてきます。識字力は個人からみても資源となります。識字を教える者がどんなふうにして文字を持たない人たちとの関係を作るかという問題関心から始まります。文字を持たないが故に独特に知り得る現実の世界がある、非識字の人はこの世界をどう体験しているのだろうか、これを学ぶことが識字を教える者の立場でなければならないというのです。文字を持つ者が持たない者に対して一方的に知識を注入するような学びと教えは良くないということで、文字を持たないが故にこの世の中をどう見ているのか、あるいはどうせざるをえなかったのかということについて文字を持つ者は知るべきだということを強調した考え方です。文字を学習する者に敬意を払うことはもちろんですが、その内容が問われていたのです。教える者が被抑圧者の体験

に学ぶのだと。そうすると教える者の特権性がみえてきます。教えること教えられることの関係性の組み替えなのです。

　これが識字の理論として体系化されていきます。ユネスコの識字の取り組みの根拠にもなっていきます。フレイレは日本にも来ています。文字を持たない者、つまりホスト社会の支配的な文字を持たない者との葛藤のなかで出てくる学びの世界、言葉は現実を構築するということに鑑みるとこのアプローチは重たいことを提起しています。クリティカルペダゴジーとも言われています。フレイレの考え方にもとづく教育の一分野です。フレイレは著書『被抑圧者の教育学』（パウロ・フレイレ、小沢他訳、亜紀書房、1978年）において知識注入型の教育を「銀行型教育」と名付け、それを批判的に見るような教育を「問題提起型教育」と名付けたのです。教育者と学習者を上下関係におかない学びなのです。批判的意識の獲得を意図しています。支配的な語りが本当に正しいものなのかということに疑問を投げかけるのがクリティカルペダゴジーのアプローチです。

　こうして教えること自身に内省と省察が向かいました。Mel Silbermanは儒教の教えに学びながらアクティブ・ラーニングの中心を次のように表現しています。「聞いた事は忘れる。聞いて見たことは少し覚える。聞いて、見てそして尋ねて誰かと議論すると理解が始まる。それに何かを実践するとさらに知識と技能が身についていく。そして人に教えたときに私はそれをマスターする」（What I hear, I forget. What I hear and see, I remember a little. What I hear, see and ask questions about or discuss with someone else, I begin to understand. What I hear, see, discuss and do, I acquire knowledge and skill. What I teach to another, I master. Silberman, M., 1996, *Active learning: 101 strategies to teach any subject,* p.97, Boston, Massachusetts; USA, Allyn & Bacon Publishing.）というのです。教育と学習の相克も感じながらの手がかりとなる言葉です。

　資料２は、学び方や学習関心のあり方にかかわり多様な展開がありうることを図示した一例です。

　また、心理学における人間の基本的欲求に関する諸研究のメタ分析の結果、次の３つがコアとなる人間的ニーズであるとする指摘も参考にしてきました。それは、自律性autonomy、関係性relatedness、コンピテンスcompetenceです。それらの充足具合が「自己決定する力」に関係しているというのです（The "What" and "Why" of Goal Pursuits: Human Needs and the Self-Determination of Behavior, Edward L. Deci and Richard M.Ryan, *Psychological Inquiry,* 2000, Vol.11, No.4, 227-268）。

　こうした動きのなかで形成される学力は、他者の存在や他者との関係性が重要となっています。その際に、学びのコミュニティは「デザインされた学習環境」として位置づくのです。多文化な世界へと広がり、未来にむけて充填されていく自己の内面へと深まる関わりとしての学習をとおしてこうした学力のコアが形成されていくのでしょう。未来社会の担い手養成にむけて社会を再組織化するための学習能力形成にとって必要な諸力能は、個人の力能強化だけではないコミュニティとしての大学の学習環境組織力として表現されるべきです。個人が賢くなるとともにコミュニティが賢くなること、コミュニティが持続可能な力を学習力として身につけるという視点が大切なのです。こうして明確になっていく学力は、自分を異なる視点から眺める力である教養の現代的あり方としても大切だと思います。

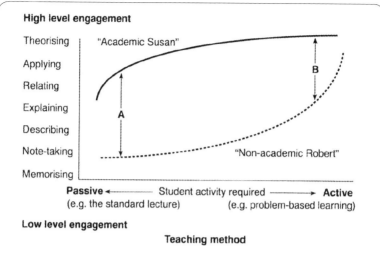

Fig. 1. Student orientation, teaching method, and level of engagement.

資料2

学習の過程は複雑な多層性を有している。左欄には、「記憶する、ノートをとる、記述する、説明する、関係づける、応用する、理論化する」という諸段階があり、それぞれに学びのアクティブさが関係しており、最終的には座学だけではなく統合された学びへの多様な経路があることを示している。

John Biggs, What the Student Does: teaching for enhanced learning, in *Higher Education Research and Development,* Vo.18, No.1, 1999, pp.57-75.

4）学校化社会を乗り越える

　そしてアンラーンは、大学の学校化への対応ということだけではなく、社会の刷新のための準備という面から意識すべきだと考えてきました。この点はイバン・イリイチの書物から多くを学びました。「学校化社会」論は彼の定式化です（イヴァン・イリッチ著／東洋・小澤周三訳、『脱学校の社会』、東京創元社、1977年）。学びが学校によって独占されているという主張です。

　学校化社会が進展するなかでのアンラーンは矛盾でもあります

が、留意すべきことの一つは、「教育の逆生産性」です。過剰な教育は学生の自ら学ぶ力、つまり学習力をそいでいきます。学生たちにはポテンシャルがあります。残念ながら今の社会はこれを十分に開花させてあげることができていません。ここのパフォーマンスをどう伸ばすかということについて、大学は可能性と責任があります。GPA等、いわゆる狭い知識取得の評価だけでは教育評価になりません。現代ではアクティブラーニングとしていろんなプログラムがたくさん組まれています。Good Practiceとしてプログラムが組織されています。もちろんよい傾向ですが、アクティブさについて過剰に教育者が組織していくと、それは本来の能動的学習にはなりません。学校化されたアクティブな学びになるだけです。潜在的な力をもつのは「隠れたカリキュラム」だと思います。

　二つは、教養力をないがしろにしないことです。学年、学部、大学の枠を超えて集まり、実践し、地域にでて、さらに教室に帰り言語化し、実践をまとめる一連の循環の必要性です。社会のなかの学びにしていくことです。ゼミ教室や実験室から社会がみえてくるようにするためには、異なる他者との協働が何より刺激になります。学びの場の拡張です。

　三つは、構成主義の学びを自覚することです。ワードがワールドを創るので、ワードを身につけることは知識の取得だけではなく、そこを起点にして世界がみえてくることを意味します。言葉がないところではこうした見え方はしません。できればより複数の声を活かした学びにすべきだし、実際に社会には多様な声が錯綜しているので、大学教育もそれを反映しておいた方がよいということです。

5）ある卒業生の生き方とアンラーン

　事例として京都のNGOで「テラ・ルネッサンス」という組織を運営している卒業生（創立者で代表を長く務めていましたが世代交代しています）のことが浮かびます。地雷撤去、少年兵の社会復帰、小型武器の処理、平和教育、主にウガンダで活躍していましたけど、ワールドワイドになっています。なんでこんなことができるのだろうか、相当大規模に活躍をしています。立命館大学にある国際平和ミュージアムは戦争と平和にかかわる展示をしています。そこで見たいろんな風景がこうした活動をする原体験だと語っていました。授業というよりも自主的な活動なのですね。自分で、セルフ・ディレクティッドな学習がきちんとできていくためには、彼にとってはミュージアムがとてもよかったといいます。構成主義をとれば、何が契機になるか、何がスキーマになるかは、その人次第です。教える側がおぜん立てして、何か勝手にこうなるだろうというだけでは学びへのパスができない。学生たちは自分のテーマを持って、学習者として、自分のスキーマを構築しつつ、関係を構成しながらフレームをつくりながら学習するのだと思います。そうすると、教員が想定していなかったことが手がかりになり、足場ができ、山に登っていくことができるわけです。彼の場合、立命館大学付置の国際平和ミュージアムでのいろんな展示だったようです。背景には学芸員の力があるのだと思います。何をきっかけに学生たちが、つまり学習者が、自分のストーリーを作っていくかはわからないだろうけど、やっぱりいろんな事項や知識や資源をそこに置いてあげることが大事かなと思います。こうしたNGOには現役の学生たちがインターンシップ先として熱望します。グローバルなテーマが学生たちを惹きつけています。学生たちなりに感じるグローバル化時代の

社会問題なのですね。

　少年兵の社会復帰のために、この子たちは教育を受けていないので、学校を建てる運動をしています。200万円あれば小学校が現地では建つ。そこにいろんな必要な資材を送ったり、ノートがない、黒板もないということで、それから、それを教える先生が戦場に駆り出されたりするので、先生をどう養成するかという支援をするのです。自分たちで集めようということで、インクジェットプリンターのインクの終わったあとの回収です。メーカーがリサイクルでお金を出してくれるので、それらを回収するという組織的な取り組みを京都でやるわけです。

　直接役立っていくのでわかりやすくグローバル化がダウンサイジングされていきます。「わがこと」と国際問題がつながるのはこうしたところでサービスラーニングをする体験をとおしてです。学ぶことに不自由なかった自分と小学校を建てることがつながります。いい循環を生み出していくことになります。しかし少年兵の社会復帰に関心を持つのは女子学生ばかりでした。男子学生ももっと関心をもって欲しいなと思いました。安全なところですけれども。女子学生の方が、関心を持って、現地に行きたがります。こういう話はたくさんあります。

　私が学生の頃の大学は「教育力」を問われることはなかったのです。いわば自生的にピアサポート的機能は存在していたのです。社会的な矛盾も大きく、社会問題に学ぶことは必然でした。しかし、高等教育のユニバーサル段階に至って、事態は劇的に変化していきます。自然発生的な学びの文化に依拠できなくなってきたのです。学士力、社会人基礎力、教育の質保証やFDの必要性等の議論がおこり、組織的な教育力強化の要請となっています。また、学力低下

論やゆとり教育弊害論も衰えません。百家争鳴の感が否めない学力論ですが、肝心なことは、大学教育のアウトカムを評価する方法を確立することだと思うのです。残念ながら、現状では、いくつもの「なんとか力」が語られ、その結果、「力」がないと生きていけないかのような印象を感じます。「コミュニケーション力」という定義できないものまで登場しています。言い換えると個人の学力形成に傾斜していく傾向です。学力形成の議論は、個人を伸ばし、強くしていくということはもちろんですが、学習環境の整備や教授する側の教育力との相関で決まると思います。学生の学習スタイルの実態や社会の近未来の創造的知識の重要性を見据えると、知識詰め込み型学力（それほど詰め込まれていないという点も否めないがスタイルがそうなっているという意味）からの「脱力」も重要です。あるいは「脱力できる力」とでもいえばよいのでしょうか。自らの知識取得の有り方自身を変革できる高次の学習力の形成こそがかぎとなるともいえるでしょう。これは「脱学習による学習」という「学習の進化」の視点です。ひたすら直線的に力を伸ばそうという意味ではその連続線にすこしでも負の学習転移があると発展は阻害されるでしょう。こうした脱力的知性というか視点ずらしのための知こそが直線的な、折れたら終わりの発展観を変化させていくのだと思います。

　FDや教育の質強化論が、単に大学を学校化することになってしまうような教育論は逆生産的です。自ら学ぶ力を育むためにも、そして何よりも知識基盤社会のコアとして大学が役割を発揮するという意味でも、こうした視点での学習文化を大きくすることが大事になります。この意味では参加・参画すべき「学びのコミュニティ Learning Community」の存在が必須条件です。参加・参画型の学

習はコミュニティの存在なくして成立しません。たとえば、学生に
も評価の高いプロジェクト型学習Project-Based Learningによる問
題解決力養成にとって、そうした学びのコミュニティ形成は決定的
です。ピア・エデュケーションもそうした文脈で位置づけるべきで
しょう。その学びのコミュニティへ参加・参画することで身につく
学力とはいかなるものなのでしょうか。

6）脱学校化社会のためのアンラーン

　参加・参画をとおした学習は、学びのコミュニティ形成という学
習環境の構築においてよりよく機能します。ピア・エデュケーショ
ンはそのコミュニティ機能そのものです。換言すると「アクティブ
な学び」といえます。典型としては、インターンシップ、サービス・
ラーニング、コーオプ学習等の分かりやすい「アクティブな学び」
です。しかし体験だけをとらえて「アクティブな学び」だというの
では一面的です。活動しっぱなしでは学習力はつきません。私は
「シミュレーション学習による未来体験」を重視してきました。学
習者が中心となる大学創造にこの視点は欠かせないのです。

　自らの近未来をシミュレーション体験できるような環境を組織す
るのです。未来に向かって学生たちは「メタ学習」をしています。
現在の知識では解決できない事態に遭遇したときに何ができるかで
す。「手続き的知識」を総動員して未知の問題や時々に出会う課題
に対応しつつ自らのキャリアをつくっていきます。そのために徹底
して現在の問題と格闘するのです。

　参加・参画による新しい学習のための実践は、従来の、どちらか
といえば単線的であった「教える」「導く」「治す」「伸びる」「成長
する」という関係ではなく、コミュニケーションデザインの新しい

138

創出の課題として考え直してみることを意味します。教える専門家が中心となるのではなく、学ぶ主体が中心となる実践という視点の重視という意味です。これを、「学習者が中心となる教育learner-centered education」といいます。そのかぎは「learning by teaching」です。

　とりわけ、自立の課題をかかえる現代青年の特徴、受動的学習観・態度、統合されていない知識等の諸課題に対して、俯瞰的知識、行動的実践、再帰的関心のトライアングルを描くことを可能にする思索的行動的な知識生産の場としての活性化に資するような参加・参画の位置づけが重要なのです。

　参加・参画の学習は、先述したように「体験」に過度に重きを置く傾向があります。それだけでは学習の進化としては一面的です。そうした学びをとおして得ている力能を明示化する必要があるだろうし、「座学」のなかでも参加・参画の学習は可能です。学習者が中心となる教育は、学習者自らが個別に周囲の環境を学習的に資源化し、自らの学習環境を整え、学習の進展を自己評価でき、学習の目標を自己刷新できることを意図して編成されるべきです。学習者が中心となる教育のカリキュラムは、知識領域としての科目群だけではなく、「学び方」を重視し、中等教育までの学習習慣の自己変革と、それを支援するための教育が重要となります。そうした学習の行動、動機、意欲の形成、持続、評価、刷新・更新にとって、参加・参画という志向性は極めて重要です。ピア・エデュケーションに代表される学びは「教える−学ぶ」の双方の実践的体験を通じて成長することを意味するので、「学生自身が教学環境を構築し続ける場」として参加・参画があるといえるでしょう。現代学生の特徴でもある「決められない学生」から「（他者と自分を教えることを

通じて）自らをプロデュースし社会発信可能な学生」にキャリアアップをはかるのです。さらに、セルフ・プロデュース self-produce あるいはセルフ・ブランディング self-branding（自らの「できる」あるいは学習進展を自覚しその過程を他者に「表現」できること）を重視していく基本に学習者が中心となる教育の内実があります。

参加・参画は、教育を学習という視点から再構成することを意味します。第一は、「知識についての知識」も含む学問言語を媒介として意味を構成し、思索を深める「学び＝反省的学習」の重視です。第二は、PBL等による問題解決実践を導入し、探求としての「学び＝実践的学習」を重視します。第三は、そこで形成される学びのコミュニティの可能性を最大化した「学び＝協調的学習」を追求することです。第四に、将来と社会をシミュレーションする予期としての「学び＝構成的学習」を重視します。

立命館大学では「学びの実態調査」を実施しています。学生の学びの動態と現実をつかむためにです。どんな能力が身についたと考えるか、まだ十分に身についていないと思うことは何か等について把握しています。その中で、学びのコミュニティ形成は、学生が学生の学びを先輩としてアドバイスする「学生ES（エデュケーショナル・サポーター）」や、初年次教育で大学への導入教育に協力するピアサポート活動、さらに、演習や実験、フィールドワーク等をとおした集団のなかでの学びをとおして機能していることが明らかとなりました。

他方で、まだ身についていないと思うこととして、リーダーシップを取ることや失敗を恐れる傾向が強く、「一歩を踏み出しきれていない」ということも分かりました。これからの教育を考える上で、「学生個人の自立、自身を超える経験、行動へと展開する勇気」と

いう課題だと分析しています。学びあいとしてのコミュニティの機能に加えて、そのなかで多方面へと飛躍していくジャンプ台としての大学の役割をこうした課題の解決としていく必要があると、この調査から思いました。

　学びのコミュニティは「協働する」体験の学びです。解決すべき現代社会の問題について、あらゆる知識を総動員して的確に把握する力を身につけていくことが望まれます。それぞれの学問には固有の「学びの概念」があります。実験、調査、思考、討論、制作等をとおして、その領域に固有の「命題的・宣言的な知識」をまずはきちんと理解するべきでしょう。学びのコミュニティに参画することで、知識取得は確かに「苦行」ともなりますが、まずは徹底して取得すべき内容があります。学問の基礎を身につけるということです。これは確かにラーンです。その過程では方法を身につけます。学び方を学び、既存の知識では解決できない問題を発見し、応用していく知識が必要となります。未知な事項、想定外の内容、困難な課題に直面し、既存の言葉ではないことを想像していきます。これはアンラーンへとつながります。「手続き的な知識」ともいえるでしょう。学習したことを転移させていくのです。ここまでくると「学びの理論」となって学生は自らの学習の目標を樹立することができます。大胆な発想や創造性を発揮していくためにも、学びのコミュニティをとおして協働する人間関係をつくり、自分とは異なる意見や価値観や体験をしている人たちとの出会いをとおして、行動する知性を身につけて欲しいと思います。そのためには他者への敬意（respect）が求められます。他者とともに在ることの感性を磨いて欲しいと思います。大学での学びをとおして自らの潜在力をかたちにしていく「デザイン力」とでもいえるのでしょう。

6. 持続するアンラーン

　アンラーンの諸相を探りたいと考えてきました。「巨人の肩の上で」
(I have seen further it is by standing on the shoulders of Giants.)
ということが言われます。アイザック・ニュートンの書簡のなかに
おける言葉とされています。「私がかなたを見渡せたのだとしたら、
それはひとえに巨人の肩の上に乗っていたからです」と訳されます。
その巨人の肩の上に上るのは力がいります。こつこつとしたラーン
なのです。しかしその肩の上に乗ると巨人よりもさらに遠くが見え
ます。未解決な問題に遭遇したときに見通せる視界を拓くのでしょ
う。巨人の肩の上からどこを見るのか、巨人は教えてくれません。
どこをみるのか自らで見いだすことになります。こつこつと学習し
たその後のアンラーンは自分でするしかないのです。

　アンラーンは、問題解決が限界に来たとき、さらにみえないもの
を見る、未知なものを思索する、想定外のことに対応するような力
ともいえるでしょう。メタ的志向、相関的な思考、俯瞰する思考、
異なる視点をもつことがアンラーンをイメージさせます。

　また、アンラーンは個人の内部でだけではなく社会もアンラーン
すべきだと考えます。システムがかわるということです。ですから
既存のやり方では問題解決にならない事態を見極めることになりま
す。問題解決型の知では間尺に合わない事態、あるいは問題解決が
問題となるような事態を見きわめることでアンラーンが必要になり
ます。問題の再定義とでもいえるのでしょう。個人のアンラーンと
社会のアンラーンが共振することになります。しかも社会のアン
ラーンは媒介者が必要です。システムのアンラーンは危機の時期と
重なります。それまでの社会のマネジメントでは解決できない、つ

まり個人のアンラーンが首尾良くいかないということも意味します。

　たとえば私の専門領域である社会病理学の世界のことです。困難な現実を生きる人々と出会うことで社会の問題の定義が閉塞している事態に出会うことが多いのです。これまでの更生保護や生き直し支援の解決法では間尺に合わない人たちばかりです。私の想像力の幅を相当に広げておかないと、そうした人々と協働して問題解決に動けないのです。社会病理の渦中を生きている人たちの、今までとは異なる思考と行動の選択肢をその当事者と協働して開発、拡大、活用していくことが、脱暴力に関わるアンラーンなのです。対人暴力のある人、薬物やアルコールの嗜癖（アディクション）のある人、性問題行動に溺れていく人等との脱学習なのです。問題行動なので司法が関与しますが、刑事罰だけでは対応できないとなると別の解決法へと接ぎ木していく必要があります。認知症や障がいのある人の触法行為、各種の依存問題を抱えた人の問題行動、摂食障がいのある人の盗癖等に刑事罰だけでは意味がありません。別の行動を導くためのアンラーンの仕組みが奏功する問題群です。そのためにたとえば条件反射刺激制御法プログラムがあり、司法と関わる領域での問題行動の脱学習（アンラーン）のために開発されています。脳が学習してしまった問題行動の誘発となる刺激条件への神経反応次元でのアンラーンです。ものの考え方や対処の仕方を変更していく認知行動療法も同じように臨床の各領域で用いられています。刑事の領域では再犯防止教育に応用されていて、習慣となった逸脱的な問題解決行動から脱出するためのアンラーンの取り組みです。全部は紹介できませんが、対人援助の領域でのアンラーンの応用の幅は広いです（一例です。私の専門の領域でのアンラーンの試みを仲間と書物に

しました。社会と臨床を考える諸学融合的なものです。指宿信監修／治療的司法研究会編『治療的司法の実践』第一法規、2018年）。

　そしてこうした学びは社会人の正の学習転移になっていきます。アンラーンだと思っていたことがそうでもなく、さらなるアンラーンを必要とする段階も訪れます。システム論風にいえば、アンラーンは既存のシステムの維持が困難になっていくことへの対処ともいえますが、時代と社会の変化のなかでそのアンラーンのさらなるアンラーンが必要となります。私の専門領域では次々と新しい社会病理が定義されていきます。ストーキング、DV、子ども虐待、高齢者虐待、ハラスメント等です。不登校やひきこもりもそうでした。関係性における暴力として包括的に定義し、それに対応するために新しいシステムが構築されていくべきですが、まだこれは生成途上です。システムのアンラーンは十分ではありません。もちろん個人もそれらをアンラーンしつつあります。夫婦喧嘩ではなくDV、しつけではなく虐待、指導ではなく体罰、ふざけではなくハラスメントという具合にです。さらに不登校は再登校だけが解法ではなく、教育機会多様化という制度のアンラーンが要請されます。この選択肢が開発されると不登校という言葉がなくなるはずです。社会問題・社会病理への対応と臨床にかかわるソーシャルイノベーションということになるのでしょうか。アンラーンは個人と社会の再構成になくてはならない視点だと思うのです。

第3章　教育から学習へのパラダイム・チェンジ

補論：質疑応答

質問1 学びの「動機づけ」とラーンとアンラーンの関係はどうでしょうか。

応答1 社会のなかで問題解決のために実践している過程にはたくさんのアンラーンがあります。たとえば大阪にあおぞら財団があります。環境系のNPOです。西淀川沿いの地域の大気汚染対策で地域の再生をしているところです。NPOスクール時代なのでもう20年近く前の取り組みです。大気汚染の前の昭和30年代の地域はどんな様子だったか患者さんたちに聞き取る調査をして、青い空の生活を回復するという取り組みをしていました。法学部2回生の学生が、紹介してきたような「一年間サービスラーニング」に行きました。そうしたら突然、あまり出席していなかった大学の講義に出始めたというのです。とりわけ環境法の勉強がしたくなったのです。ものすごく座学に目覚めた話です。自分でも信じられないくらい詰め込むようにして勉強したと言っていました。これは現場に行ったからなのです。つまり「動機形成」です。青い空の思い出調査に参加したことが強い動機づけになりました。だからこそ知識が必要になったのですね。また、情報理工学部の学生がプログラミングの授業で、いきなり1回生からプログラミングさせられて、「何のためだ」といって悩み始めたのです。ある先生がこのプログラミングの基礎は、たとえばある大手会社の開発した電車の自動改札システムに使われているといって、その会社見学に連れて行きました。そうしたら、俄然と勉強しはじめたのですね。プログラミングの座学が好きになりました。そういうことはもうしょっちゅうです。私はいろんな学部の専門から入学してくる人間科学研究科という研究科にい

145

ます。そうすると、看護系の人も、理学療法士も、臨床心理士もいっぱいやってきます。そうすると、とても個性がわかるのです。何を勉強したいかというと、看護学研究科に行くのでなくて、そういうところにくる院生たちの特性は「人間を知りたい」ということです。トータルに人間理解をしたいと考えるのです。これは縦割りの弊害です。臨床の知識がそうなっているのですが、縦割りなのですね。生きた人間の理解につながらないという不満を述べるのです。看護の理論なり技術なりが、どんな場面で、どう使われているのか、いろいろ体験するけど、もう一回勉強し直したいといいます。人間科学や人間理解をもっとやりたいのです。全体を俯瞰しつつ自らの臨床を見つめ直すという知的欲求です。ラーンかアンラーンかの二者択一ではなく、いま動機形成として関心をもつべきなのは、「非認知的能力」だと思います。特にメタ認知力です。自分で自分をモニターする力です。自分が何に関心があるのか客観できる力、これが充分育っている学生や院生たちは伸びていきますね。そしてこれを学部の教育に、どういう具合にしてはめこむことができるかが大切ですね。これをはめこむことは、大学の責任です。私は社会病理学や臨床社会学の科目を教えるのに教材を工夫して投入します。たとえば、いじめや非行を教えるのに社会の反応を重視する「烙印理論（ラベリング論）」があります。学説風あるいは理論風にではなくまずは新美南吉の「屁」という短編を用います。冤罪の話なのですが含蓄深く書いてあります。これを使いながら烙印理論へともっていきます。それをもとに現実にふれさせていきます。その上で、烙印理論が学べるフィールドワークを組織します。おおむね社会的排除の現場です。そしてさらにリフレクション（省察の時間）を組織します。これを繰り返します。そして本文でのべた他者に教えるとい

146

第3章　教育から学習へのパラダイム・チェンジ

う作業を入れます。こうした学びのサイクルを想定してラーンとアンラーンを一体的なものとして組織しています。その媒介項に動機づけがあると考えています。

質問2　ラーンとアンラーンを連続線上に位置づけるべきだと思いますが、動機づけ以外に何か工夫がありますか。

応答2　「学びのコミュニティ」形成を主眼においてサービスラーニングとピアエデュケーションを組み合わせるというかたちも工夫してきました。サービスラーニングが実践されるのは「地域・コミュニティ」ですが、それを「キャンパス＝大学」とみることもできます。「大学」と「学生」の双方の利益に、そして「活動」と「学習（学び）」の双方の行為に重きを置く取り組みだからですが、大学もコミュニティなので、そこにはサービスラーニングが生成するニーズがあります。キャンパスをサービスの対象として組み込み、広い意味での学びのコミュニティを活性化させるものとして位置づけることができます。たとえば最近の大学では障がい学生支援室があるはずです。留学生支援室もあります。ここにはサービスラーニングのプログラムが組みやすいのです。障がい学生支援（ノートテイクなどの情報保障活動など）、国際学生との学生交流、附属学校での教育補助や学校ボランティア、平和ミュージアムでの諸活動等、学びのコミュニティとしての大学において生成するサービスラーニングは多種多様にあることがわかります。

　したがって今後は、特殊な教育の方法としてサービスラーニングを位置づけるのではなく、学部の教育そのものとサービスラーニングを関連づけることが大切でしょう。ユニバーサルなアプローチとしても位置づける必要があると考えます。つまり、大学のもつ人間

147

育成機能と学術研究機能を統合し、あらゆる地域の課題をサービスとして組み立てなおし、現代的課題にそくして地域社会と連携すること、つまり人間育成の「社会実験的シミュレーション」をおこなう営為としてサービスラーニングを位置づけると、足下にもテーマが転がっているとわかります。人間科学分野ですと、被験者体験もサービスラーニングとなります。社会調査をされる、心理学実験をされるという体験は将来の学問をシミュレーションしていることになります。被験者になることで、研究対象になることの嫌な面やよい面を先取り的に学習するのです。倫理教育にも役立ちます。教育体験は自ら受けてきた学校教育を相対化し、言語化する過程で必須です。教育学を学ぶ上でこれは決定的に大事でしょう。大学から出て地域の課題を学生が実践するサービスとしてプログラム化するということは相当な練り上げが必要となります。

　研究課題、理論と仮説の検証が可能となるようにアカデミーの側では位置づけ、それを実践することで実際の社会へと定着させていくシミュレーションとなるようにプログラムをデザインするということの準備のためにも、こうした自分の経験を活かしたラーンをして、将来それを施す立場になったときにリフレクションとして活かし、よりよいものとしていくアンラーンの契機になります。こうした主題は実に多様にあるはずです。他にも、環境問題、食の安全の確保、企業の社会的責任、法化社会の現実、グローバライゼーション社会、生命をめぐる倫理と社会のあり方、技術のもつ社会性など、あらゆる学問領域においてユニバーサルな教育方法としてサービスラーニングが開発される必要があるのでしょう。まとめていえば、「社会実験的なシミュレーション」の題材に事欠かないのが大学だということです。まだたくさんテーマはあります。障がい児者の

ICTを介した新しい関係構築の可能性、学内外の情報バリアフリーを目指したサービス情報ネットワーク（情報弱者のための専門用語データベースの作成、ノートテイカーや手話通訳者のための情報交換システム）、大学業務や生協等と連携した学生ジョブコーチングモデルの研究、若者としての大学生を対象にしたキャリア形成やユースサービス開発、環境教育のコンテンツ開発などが想定できます。市民社会の担い手として各分野に専門的な力量をもった学生を輩出するために不可欠な取り組みとして、プログラム開発が期待されます。

質問3 大学はますます忙しくなっていきます。詰め込み的です。ひとつのことをゆっくりと教えることができなくなっています。アンラーンはますます遠いことのように思います。どうすればいいのでしょうか。

応答3 私は社会病理学や臨床社会学が専門です。文献購読として社会病理に関係する書物を読みあさるのですが、最後はやはり社会的現実の調査です。でもその際に深く掘り下げた専門の知識だけでは生きた現実はみえてきません。また、暴力、非行、犯罪、自殺、貧困、差別、いじめ等、多様に存在する社会病理のフィールドにいっても、観察眼がないとみえてこないものもあります。ですから専門に関係のない知的刺激を受ける書物を手当たり次第に輪読会をしていたのが院生時代でした。ひとりでは効率がわるいので仲間を誘いました。できるだけ異分野の人が多い方がいいのです。ですから院生時代は必死でレジュメを書きました。

　こうした自主的勉強会に身を置くと、とにかく、ついていくのに精一杯の知的広がりがでてきます。なかでも芸術的なものも発想が

ひろがります。映画、小説、舞踏、演劇等を合評しあうのです。唐十郎、寺山修司らの出し物があればよく観に行きました。唐組（唐十郎）のテント芝居を観るために御所近くの相国寺や新宿の花園神社にもよくでかけました。これは私の余白を大きくしてくれました。アンラーンのためにはこの余白を大きくする必要があります。これは狭く・深くの専門化とはまた異なる広く・大きくの方向性です。アートなのでしょう。サイエンスと共に大切にしたいと思います。非認知的能力そのものです。アンラーンが拓く世界は無限大だと思います。忙しい中でも異色の友人と語りあうことでアンラーンのチャンスは広がります。

第3章　教育から学習へのパラダイム・チェンジ

文献紹介 ── アンラーン理解のための文献紹介

イヴァン・イリッチ著、東洋・小澤周三訳『脱学校の社会』東京創元社、
1977年

　学ぶことが学校によって独占されている社会を批判。社会全体が学校化され
ている。学校は受動的な学びの負の学習転移の場になりうることを気づかせて
くれる。学びのもつ人間の潜勢力を開発するために脱学校化社会を提唱してい
る。アンラーンの言葉は使っていないが体系的に脱学校化社会を論じている。

パウロ・フレイレ著、三砂ちづる訳『被抑圧者の教育学─50周年記念版』亜
紀書房、2018年

　解放の教育学の基本書。「抑圧の文化」への対抗軸を提起している。知識を
ため込むための学習（銀行貯蓄型学習）ではなく、自己と他者の関係を再構成
しながら生きていくための創造的な学びを提唱している。とくに識字の理論が
参考になる。文字を持たない者から教える者がその体験したことを学ぶ関係と
して学習があるという提起に学ぶことは多い。

鶴見俊輔『教育再定義への試み（岩波現代文庫）』岩波書店、2010年

　アンラーンの話が掲載されている。アンラーンの思想を体系的に読みやすく
書いている。テーマは「自己教育」。学校という狭い枠のなかだけで教育を語
ることから解き放ってくれる思索の宝庫である。自らの人生を真摯に振り返り
つつ、教育の根本を問うている。

ケネス・J・ガーゲン、メアリー・ガーゲン著、伊藤守監修・翻訳『現実はい
つも対話から生まれる』ディスカヴァー・トゥエンティワン、2018年

　「社会構成主義」をわかりやすく書いている。社会構成主義の学びを考える
ための基礎的入門書である。私たちが「現実だ」と思っていることはすべて「社
会的に構成されたもの」だ。「ワードwordがワールドworldを創る」ことを主
張しているのが社会構成主義の考え方である。そこでは「対話」が重要だとい
う。ナラティブ、コミュニケーション、関係性等を理解するために不可欠の書
物である。

151

あとがき —— "内破" を興すために

1. Unlearningの深みへ

　本書では、"Unlearning" という言葉を特段の説明なく使ってきたわけですけれども、この言葉がそもそもどのような含意を持つものであるかを振り返っておきたいと思います。

　まずは辞書的な意味を尋ねるところから始めていきましょう。"Unlearning" は、もちろん英語の一単語で、"Learning" に接頭辞の "un" が付けられた合成語です。"un" は 否定の意味を持つ接頭語ですから、"Learning" を否定しています。ところで "un" は、動詞に付けられると反対の動作を指し示しますから、反射的には「学ばない」といった意味が思い浮かんだりします。実際に、とある大学の先生から、「先生、UnlearningていうのはLearningを否定しているわけですから、"勉強しない"っていう意味なんですか？」と尋ねられたことがあります。ホントの話です。もちろんそういう意味ではありません。そうではなくて、ここで "un" が持っている否定の意味は、その行為・活動の前の状態に戻す、という意味での否定なのです。"unlock = un + lock" という動詞がありますが、これは「鍵をかけない」でも「鍵を壊す」でもなく、鍵をかける前の状態に戻すことを、つまり「鍵を開ける」ことを意味しています。それと同じように、"Unlearning" は、いったん学んだことを手放して、「学習」する前の状態に知性を戻し、いわば初期化すること

152

を意味します。「学習」して固まったものを「解除する」ことを意味するわけです。「学習棄却」「脱学習」などと訳されるわけですが、いずれにしても厳ついて聞き慣れない言葉です。こういうなかなか馴染めそうにない訳語しか私たちの手許にないということ自体が、"Unlearning" という営みが私たちの重要かつ有意義な知的活動として認められてこなかったことを証し立てているように思います。

　ところで、この言葉を思想的な深みを持ち得るものとして受け止めた最初の日本人は、哲学者の鶴見俊輔さんではなかったかと思います。鶴見さんは2006年12月27日の朝日新聞紙上で、徳永進医師との対談をうけ、この言葉に関わるエピソードを紹介されています。

　　戦前、私はニューヨークでヘレン・ケラーに会った。私が大学生であると知ると、「私は大学でたくさんのことをまなんだが、そのあとたくさん、まなびほぐさなければならなかった」といった。まなび（ラーン）、後にまなびほぐす（アンラーン）。「アンラーン」ということばは初めて聞いたが、意味はわかった。型通りにセーターを編み、ほどいて元の毛糸に戻して自分の体に合わせて編みなおすという情景が想像された。

　　大学でまなぶ知識はむろん必要だ。しかし覚えただけでは役に立たない。それをまなびほぐしたものが血となり肉となる。

　（「対談の後考えた　臨床で末期医療見つめ直す」2006年12月27日 朝日新聞 朝刊）

「学びほぐし」というたおやかな訳は鶴見さんならではだと思いますが、より重要なのは、鶴見さんが「型どおりにセーターを編み、

ほどいて元の毛糸に戻して自分の体に合わせて編み直すという情景が想像された」と、この言葉のイメージを記している点だと思います。「学習棄却」にせよ「脱学習」にせよ、そして「学びほぐし」ですら、固着してしまった知識や認識の枠組みを解体・解除するというところに力点が置かれ過ぎかねないという点で、少々誤解の危険性を孕んでいるように思います。それはそれで"Unlearning"のプロセスの一部をなしているわけですが、鶴見さんの慧眼は、「型どおりにセーターを編」むという受動的な行為をいったん行ったうえで、しかし（体に合わないからといって）セーターをそのまま捨ててしまうのではなく、それを解きほぐして「元の毛糸に戻」すという活用可能な資源への〈還元〉に進み、さらに「自分の体に合わせて編み直す」という個性的な創造活動にまで至っていることにあるのだと思うわけです。私たちは使い捨ての消費生活に慣れきっていますから、体に合わないセーターは交換してもらうか売ってしまうか捨ててしまいそうですけれども、鶴見さんの念頭に思い浮かんだのは、「編み直す」という営みでした。

　この「編み直す」という営みに鶴見さんの世代性を見るのでは不適切だと思います。ここには、浅薄なアンチ消費主義といったものではなく、モノやコトとのコミットメントのありかたが豊かに示唆されているものと、私は受け止めました。そして、この活用可能な資源への〈還元〉作業と再生産・再創造の営みこそ、"Unlearning"の真骨頂であろうと、私は思います。日本の教育は、「型どおりにセーターを編」むという受動的な行動を訓練するレベルにとどまっているのみならず、むしろこの受動的行為を「主体的」「意欲的」に遂行する「受容的勤勉性」「受動的主体性」の形成を至上の教育課題とし、これを積極的に訓練することをほとんど最重要の任務と

してきましたし、今もそれは基本的には変わっていないと思われます（「やる気スイッチ」！）。しかし、本論で述べましたように、そうした教育では創造的な課題解決能力を育成することなどできません。それは、どれほど成功しようと、「主体的で有能だが責任能力を欠く指示待ち人間」を大量生産するだけのことだからです。現下のすっかり大衆化した大学教育の状況に照らして、「それで良いではないか」という声も聞こえそうです。確かにそこだけを見れば"正解"のように見えます。しかし、本編でも言及があったように、いま私たちが直面している諸課題や20年後・30年後に予想される時代状況を睨んでみると、「主体的で有能だが責任能力を欠く指示待ち人間」を"Single Loop Learning"レベルにとどまる"Active Learning"を通じて大量生産することが私たち大学教育に携わる者のなすべきことでないことは、まったく論を俟たないと思うのです。

２．前置詞"on"を事例に

　ここで、"Unlearning"がどのように"知性の可動域"を創出するものであるかを例示するために、学生・院生の頃、アルバイトで塾の講師をしていたなかでの経験を記してみます。

　受験勉強をこれから始めるという高校２年生の年度末２月。新しく出会った生徒たちに、限られた時間の中で受験勉強をどう合理的に進め、どのような能力の獲得を目指すのかを話す中で、知識が思考を阻害する、したがって勉強すればするほど自らの知性を破壊してしまうという極めてしばしば起きている悲劇と、それをどう回避して生産的で有意味な受験勉強を進めるかということを、ごく簡単な事例をいくつか使って説明していました。

事例はたとえば、誰でも知っている前置詞の"on"です。生徒たちの多くは、中学校で英語を教わり始めて早々に"on"の意味を「〜の上」と覚えさせられ、あまりに簡単な知識であることもあって疑いもせず暗記し、高校生活の後半に至ってもそのまま頭の中で固着させた状態でいます。そこで、「壁に掛けてある絵を"a picture on the wall"と教わらなかった？」と尋ねてみますと、大方の生徒は「教わった」と答えます。「日本語では壁の側面を〈上〉とはあまり言わないわけだから、〈壁の上の絵〉と杓子定規に訳してしまうと、絵は下手をすると屋根の上とか屋上まで行ってしまわないか（笑）？」と訊くと、困惑しつつ「なるほど確かに」とか、「いやいや日本語でも適当に分かるじゃないか」といった反応が返ってきます。そこでさらに、辞書を開いて次のような例文を見てもらいます。"a fly on the ceiling"。「天井の上のハエ」と反射的に訳しつつ、生徒たちの頭の中には疑問符が漂います。「天井のこちら側だから、『天井の下のハエ』になるんじゃないか？、じゃあ"on"には『下』っていう意味もあるのか？」「でも『天井の下』なんて日本語では言わないぞ」などなど。「天井の上だからそこは天井裏だ。天井裏のハエはいくらなんでも見えないぞ！」と直感的に思うわけです。「天井の上のハエ」と訳せば、「on＝上」という等式を守ったことで先生から「○」を貰えるかもしれないけれど、日本語としても現象としてもオカシイ、と思って口籠ってしまうわけです。ごく自然な思考の展開ですが、経験的現実およびそれを表現する普通の日本語と硬直した学校知との間で引き裂かれてしまって、どう言葉にしていいかよく分からなくなるわけです。そこでそれに応えて、「君には『天井裏のハエ』が見えるのか⁉、そんな透視能力を持ってるのか⁉、ていう話になるよね（笑）。さすがにそんな能力は人

間にはないだろうから、何かがおかしいんじゃあるまいか。そもそも出発点に戻って、"on"=「～の上」という等式に問題があるんじゃないかと考えてみよう」と、出発点に引き戻します。そして再度辞書を見てもらいます。そこには、"on"の「語義」（≠訳語）として【接触】と書いてあります。「上」と「横」と「下」で混乱させておいた頭に、「接触」という概念的レベルの思考を提供し、「くっついていればいいってことね！」と誘導するわけです。

　ひとたび、空間的イメージの裏付けを持つ概念的思考を獲得すれば、「"a picture on the wall"は「壁に絵が懸かっている」と、現象を想像してそれを日本語に訳せばよく（ここではさらにonを動詞化して日本語に移しています）、"on"は日本語訳に「～の上」という言葉で出てくる必要は必ずしもないのだということを理解してくれます（辞書ではこの例文に「天井にとまっているハエ」という訳文が添えられています。「～の上」という訳語は使われていないばかりか、状況をできごととしてとらえ、「とまっている」という動詞を補っています）。そのうえで改めて、「～の上」という訳語は"on the desk"には使えると、"on"に関わる知識が再構成されるわけです。【接触】という「語義」をひとつの知識として記憶にインプットするのでは意味がありません。そうではなく、【接触】という「語義」で表現されているデキゴトの捉え方を思考回路として知性にインプットするのです。

　こうした誘導において重要な点は、断片的な知識とそれが固着していることによって生まれている思考停止状態を、時空的イメージと連動させた概念的思考を導入することで"Unlearning"し、固着した知識の呪縛から思考を解放して"知性の可動域"を作り出すとともに、その知識を単に忘れ去るのではなく、活用可能な資源とし

て掴み直すことを経験させることにあります。鶴見さんのセーターを編み直すイメージは、こうした"Unlearning"のありかたの消息を、実に豊かに、そして的確に表現していると思うのです。

　これを踏まえて生徒たちに、英熟語として丸暗記することを強要されている"on 〜 ing"になぜ「〜するやいなや」という古めかしい訳語が当てられているのかを説明します。これは、二つの行為が時間的に連続している状況を、二つの行為が"くっついている"と空間的イメージに移して捉えている表現形式だということを解説します。空間と時間のイメージは相互に転換されるということも補足し、"On arriving at airport, call grandma！"は、「空港に到着すること」と「お祖母ちゃんに電話する」ことをお母さんが「くっつけて話している」ということを確認したうえで、「空港についたらすぐにお祖母ちゃんに電話するんですよ！」と、時間の枠組みに移して訳が与えてあるのだということを説明します。したがって、訳としては絶対的に「〜するやいなや」である必要は一切なく、「〜したらすぐに」でも「直ちに」でも「間髪入れず」でも何でもよくて、お母さんのこの言葉に込められた緊張感の有無や、この言葉を言われている子どもの年齢など他の情報を勘案して訳語・訳文を決めればよく、場合によっては訳に出さないと判断することもあり得ることを説明します。

　このようにして、概念的レベルでの思考や想像力を働かせることもなく、当該の文章が置かれているコンテキストを勘案することもなく、硬直した断片的知識をインプットして思考停止に陥ることによって失われるものの大きさを、平易な事例で感得してもらうわけです。"Unlearning"が、単に学習した知識を放擲することを意味するのではなく、別次元（鶴見さんの例示で言えば「自分のからだ」）

158

から捉え返し、自分との間にレリバンスを持つ知として配置し直し蓄積していく営みであることをご理解いただけるのではないかと思います。こうした学びは、一所懸命にやればやるほど自らを暗愚に突き落としかねない「勉強」(これを悲劇と言わずして何と言いましょう!!)とは異なり、やればやるだけモノになります。鶴見さんの言葉で言えば、「血となり肉となる」わけです。

3. "He is a student of mathematics"を素材に

　もう一つ、今度は短いですが文章を素材にして考えてみましょう。"He is a student of mathematics" という一文は、さてどう訳しましょうか。"student" =「生徒」と "of" =「～の」という一問一答的な硬直した知識を足し算して、「彼は数学の生徒です」と訳してみても、出来損ないの自動翻訳のように、この日本語は痛々しいほどに意味不明です。

　まず "student" を検討してみましょう。"student" は言うまでもなく "study" に由来する名詞で、「"study" する人」という意味ですね。ところで、"student" はこれまた中学1年生で「生徒」と教わったまま固着しています。ところが "study" を "learn" と対比させてみますと、"learn" が何かを習得した結果にウェイトを置いているのに対し、"study" は何事かに取り組む過程にウェイトを置いている動詞です。したがって、"I have learned English" は英語をマスターしたことを意味するのに対し、"I have studied English" は英語をマスターできたかどうかには言及していません。頑張ったけどダメだった、のかもしれません。「研究／研究する」という意味が "study" にのみあるのも頷けますね。研究活動はまさしく知的探求のプロセスに価値があり、成功か失敗かを簡単に決

めることなどできず、そして終わりがないからです。こうして、"student" に「研究者」という意味があることに納得がいきます。この "student" を「生徒」と訳すか「学生」と訳すか、はたまた「研究者」と訳すか。ここで一義的に確定させることはできません。なかなかの難問に挑戦している数学の得意な高校生かもしれませんし、数学を専攻している大学院生かもしれません。あるいは新進気鋭の若手数学研究者かもしれません。この文の外に判断材料を求めていくことになります。辞書にも参考書にも、書いてはありません。ひとまず、"student"＝「生徒」という一問一答的知識を "Unlearning" して、結果の成否は分からないけれど何事かを学んでいる人、というイメージを手にしつつ、訳語として「生徒」から「研究者」までの広がりを視野に入れておきます。

　さて次に、またもや前置詞、"of" に注目してみます。この前置詞は大きく概念的用法と文法的用法のふたつを持っています。"off" から作られたものであることから、語義の第一は【分離】で、"one of many apples" は、たくさんあるリンゴの中から一個を注視するか手に取るかして "分離" して取り出しているわけです。この概念的用法とは別に文法的用法というものがあります。"of＋名詞（前置詞句）" と、これが修飾するものとの間に実質的な「主語・動詞」関係ないし「動詞・目的語」関係を構成するものです。"discovery of America" は、"discovery" を動詞 "discover" に戻すと "America" は目的語として現れてきますので、"（主語）discover America" という文が復元できますから、「アメリカの発見」と硬直的に訳して終わりとするのではなく、それも選択肢の一つとして保持しつつ、文章や文脈や文体に応じて「アメリカを発見する／した（こと）」と文章化して訳すわけです。こうした用法を「目的格のof」と言い

ます。

"discovery of James"はどうでしょう。これについては二通り考えられます。このofが「目的格のof」だとすると、同様に"(主語) discover James"という文が復元できますから、「Jamesを発見する／した(こと)」となります。図書館の書庫で憧れの作家Jamesの著書を探し当てたのかもしれません。行方不明になっていた探検家Jamesを長い捜索の末ようやく発見したのかもしれません。「Jamesを見つけたぞ!」というわけですね。ところがこのofが、もう一つの用法である「主格のof」だとすると、"James discover(目的語)"という文が復元できることとなり、「Jamesの発見」は「Jamesが発見する／した(こと)」となります。よく知られている物質の新たな薬理効果を偶然発見したのかもしれません。長い観測の甲斐あって星空の中に新しい小惑星を発見したのかもしれません。「Jamesが見つけたんだ!」というわけです。"discovery of James"は、これだけを見ればいずれでもあり得ます。"discovery of James"と何万時間睨めっこしても、いずれであるかを決することはできません。これまた、辞書や参考書をいくらめくっても答えは書いてありません。"discovery of James"を含む文章や前後の文章(つまりこの"discovery of James"が置かれている文脈・状況)から判断材料を得て確定することになります。こうして、"on"の場合と同じように、"of"=「〜の」という硬直した一問一答的知識を"Unlearning"し、"of"が実質的に文章を構成している、つまり何らかの出来事がそこに盛り込まれていることがある、ということを押さえておきます。

さて、「主格のof」「目的格のof」の紹介が長くなって恐縮ですが、これを踏まえて"He is a student of mathematics"に戻りましょう。

mathematicsが擬人化されていれば別ですが、一般的にはこの"of"は「目的格のof」と見立てることができるので、"student"と"of"についての"Unlearning"を動員して、"He studies mathematics"という文を頭の中でこしらえ、たとえば「彼は数学を研究している人です」「彼は数学を学んでいます」といった訳を作ることが可能となるわけです。いずれにせよ、機械的な「アメリカの発見」でもなければ「Jamesの発見」でもなく、「彼は数学の生徒です」でもない、ということに着目して頂きたいのです。

　高校生向けの学習参考書には短い例文にすべて訳文が添えられていて、短い文章ほど訳すのは容易であるという間違ったメッセージを伝えている懸念がありますが、"student of mathematics"にせよ"discovery of James"にせよ、「数学の生徒」（数学が先生？）でもなければ「Jamesの発見」でもないということです。短いので一見単純そうに見えますが、むしろ情報量が少ないことによって、一義的な訳を決定することができないのです。一問一答式の単語主義・暗記主義の勉強方法によってでは、こうした様々な可能性を検討する思考のプロセスを経て最終判断を下す能力を訓練し獲得することがまったくできません。誰かから教わったままの硬直した知識を問題や課題に機械的に当てはめるという行為からは、検討能力も判断に対する責任も生まれて来ようがありません。文脈型の思考回路では、お示ししたような文法上の知識を動員しつつ複数の内容と訳文の可能性 ——「Jamesを見つけたぞ！」なのか「Jamesが見つけたぞ！」なのか —— を想定しつつ、判断の根拠となる情報を前後の文章や文脈や文章全体のテーマに求めていくわけです。

　以上のような検討をふまえて、"student of mathematics"も、この人物が大学の学生であれば「数学を学んでいる学生」と、大学

あとがき

教授であれば「数学研究者」といった具合に訳を決めていくことに
なるわけです。

　長々と英文読解の授業を実況するような文章を記してきました
が、"Unlearning"の知的トレーニング上の価値は、このようにし
てあれこれの可能性を検討する能力を訓練する機会を学習活動全体
の中に創出することができることにあります。上述の例で言えば、
「主格のof」「目的格のof」を知識として丸暗記することに意味があ
るのではありません。そうしたシンタクス（統語論）に関わる知識
を使うことで、複数の可能性を検討しつつ、当該の文章に最もふさ
わしい内容と訳語を確定していく思考プロセスを生み出すことがで
きることに意味があるわけです。ここでは詳細に論じることはでき
ませんが、上に触れたように、知識や判断に対する責任性という問
題にもつながっていく重要な知的訓練です。誰かに教わった「正解」
を「問題」にあてがうだけでは、思考も責任も生まれようがないで
はありませんか。英語教育に限らず、日本の教育文化においては「正
解」への圧力があまりに高いために、また「無知」を恥と感じさせ
る圧力が高いために、知的トレーニングとしての「あれこれの可能
性を検討する」というモメントが、教育活動の現場からほぼごっそ
りと抜け落ちているのです。「文脈に即して訳せばよい」といった
言い方をして生徒を突き放す教員もいますが、まさにその文脈を検
討するという知的営みの意義を知らず、したがって生徒に教えるこ
とはありませんし、できません。

　創造活動というのは、ある日ある時何かを突然ポッと思いつくこ
とではありません。あらんかぎりの可能性を吟味検討することが、
something newを生み出すのです。したがって、創造性を訓練する
うえではこの「あれこれの可能性を検討する」ことの幅が大きけれ

ば大きいほど有意義なのです。もちろん、単なる知的遊戯として「あれこれの可能性を検討する」のではありません。例えばここで話題にしている英文和訳であれば、最終的には、原文の内容を損なうことなく読者に適切に伝えなくてはなりません。現実の社会的場面では、置かれている客観的状況に即して最適解と思われるものを決断しなければならない局面が来ます。しかしながら、どうせ答えは一つなんだからあれこれの可能性を検討する活動には意味がない、と考えるのは間違いです。その都度の状況に即して創造的な最適解を創出することができるのは、可能な限りあらゆる可能性を検討するという局面を経ればこそだからです。どうしてこの"知性の可動域"を拡大し駆動するトレーニングを、これからの教育活動と学習活動の中心に据えないなんてことがあり得ましょうか。

　「正解」を丸暗記するために学ぶのではありません。幅広く「あれこれの可能性を検討する」能力を訓練し獲得するために、そしてそれを通じて自ら責任を負える最適解を創造するために、学ぶのです。Catch-up型・コピー型の学習活動から離脱し、責任ある創造性を訓練するために、"Unlearning"を学習活動の中に組み込むことが是非とも必要だと考えている次第です。

4．Unlearningと創造性
　以上のことを敷衍して、"Unlearning"の意義を、唯一の「正解」に最速で到達することを目指すような幅も奥行きもない姿勢や、局面に応じて「正解」をとっかえひっかえする、その場しのぎの、ある意味でとても消費主義的な姿勢とは異なる、手持ちの経験や知識、あるいはまた今置かれている客観的状況に対する柔軟なコミットメントのありかたを提案するものとしたいと、私は考えていま

す。この点は、"Unlearning"を創発性や創造性さらには変革という
テーマと結びつけて意義あらしめようとすればするほど、重要な
点ではないかと思います。栗原彬さんはかつて「内破する知」とい
う言葉を使われましたが、創造性や変革は、常に現存の状況の中か
ら起動され、そこからエネルギーと資源の供給を受け、歴史的経緯
から厳しい制約を受けている現存の状況のポテンシャルを活かしつ
つ内側から変化を惹き起こしていくことによってしか、歴史を紡ぐ
営みを成すに至らないからです。そうした意味で"Unlearning"は、
浅薄な解放を意味するどころか、ヒトの世界の中へ深々とコミット
していく手段となりましょう。

　ところで、お読みいただいた読者の中には、"Unlearning"とい
う耳慣れない言葉を使って新しいことを書いているように見えるけ
れども、この本の中で書かれているような知的営みは日常的なもの
であって、誰でもがみな多かれ少なかれ普段やっていることではな
いかと思われた方もあろうかと思います。その通りです。私たちが
例えば普段「創意工夫」とか「アイデアを思いつく」といった言葉
で表現している営みの中には、常に何らかのレベルの"Unlearning"
が含み込まれています。ワークショップやブレインストーミングと
いった技法は、まさに"Unlearning"を意図的に惹き起こすための
装置で、すっかり私たちの日常の一部となっています。スランプに
陥ったアスリートがもがき苦しむ中から新しいフォームやプレース
タイルを創造して再起を果たすのも"Unlearning"をくぐる中から
成し遂げられることですし、さまざまな商品を参考にして新たな商
品を開発する企画開発責任者も"Unlearning"を日常の営みとして
生きています。一見単純なルーティン作業に見える事務仕事にす
ら、"Unlearning"は豊かに宿っています。現在私たちが享受して

いる豊かな日常生活は、まさに“Unlearning”の途方もなく膨大な蓄積によって創出されてきたと言っても、全く過言ではないのではないでしょうか。なにせ、数多くの企業で実践され成果を挙げている「カイゼン活動」は紛れもなく“Unlearning”を、この言葉を使うか否かは別にして、包含しているわけですから。

　杉野さんが紹介されている東邦車輌の新型車両は、特許を取得して独占市場を手に入れたとのことですが、こうした「『その他』を考える」創造的な組織的知性こそ、私たちが享受している豊かさを生み出したものに他なりません。“Unlearning”によってニュートラルな知的・精神的状況を創り出し、いわば武装解除した状態で課題に直面する。なかなかに緊張と恐怖を覚えさせる状況ですが、これが「課題に合った新たな知識を創る」という創造活動を可能とするわけです。杉野さんは、経営者に対して“Unlearning”を誘導し経営課題にニュートラルに直面してもらうことを仕事とされているわけですが、東邦車輌のこの特許を創案したのは、社長を含む経営陣ではなくて、最前線の現場で仕事をしている、良い意味でごく普通の、しかし同時に現場に精通している熟練の労働者の方々であったとのことです。「現場の課題」と生々しく格闘して解を見つけ出す醍醐味を味わえるのは、実に羨ましいことです。与えられた仕事を指示通りにこなすのとは違う達成感が沸き上がります。日本をモノづくり大国に仕立てあげた原動力は、まさにこの、日々の“Unlearning”を通じた創造の歓びだったのではないでしょうか。“Unlearning”は誰にとって意味があるのかという質問がフォーラムの会場で出されていましたが、理想的にはすべての人に、と思います。有形無形の「豊かさ」をもたらす大切な源泉だからです。

　それにしても、この「『その他』を考える」という表現、絶妙だ

と思いました。社会学という学問はその学術的本性として、社会の再構成を目指した社会批判というモチーフを内包していますが、それが目指しているのは、まさに“代案・採るべき別の道”という意味での「オルタナティヴ」を人と社会が生み出す可能性を信じ、それを支援するという営みです。傍観者的な評論活動を弄ぶことが社会学の批判活動ではありません。また「真理」や「正解」を振りかざして権力を手にすることを社会学が目指すことは、決してあり得ません。社会学は方法の学問だと言われたりもします。誰に向かっても、「ここで思考停止してよし！」というサインとしての「正解」を、決して示すことがないからです。杉野さんが提案されている「否定の知識の学び」というテーマは、まさしく大学・大学院でこそ体験・体得することのできるものですが、「オルタナティヴ」を探求し続ける社会学という学術分野と、ここでも共鳴します。「工作する動物」としての人間の知性と想像力には「オルタナティヴ」を生み出すことができる創造力があると信じ、それが十全に活動することのできる環境を作る。「学ぶ」という営みをそうした創造力が豊かに活動できるものとすること、“Unlearning”という知的技術はまさにここに貢献できるのだと思います。

　この本をお読みくださるみなさんにお伝えしたいと考えたことは、眼前にある成果としての豊かさではなく、そうした豊かさを生み出してきた生産力としての“Unlearning”を、創造性を解発し駆動する契機として明示的に把握し、課題解決能力として捉え、訓練可能なものとしようということです。そして具体的に、そうした可能性を持つ“Unlearning”を解決の糸口すら見えないような諸課題の解決に向けて駆動する訓練を、大学教育の中に意図的・組織的に導入し、大学を卒業してからではなく大学においてこそ、学生たち

に経験させる教育活動に転換していこうということです。知識集積型の、教育思想家フレイレが「銀行預金型」と呼んだ学習のありかたが今日もなお日本の学校教育の中で正統な学習のありかたであり続けてきている中で、"Unlearning" はほとんど居場所を認められてきていません。しかし、私たちの日常生活や職業生活の中では、"Unlearning" は極めてありふれた知的営みです。

　私たちの教育活動や学習活動を豊かなものにしようとするに際して、いわゆる "先進事例" を模倣することが決定的に重要なのではありませんし、さほど有意義でもありません。"Unlearning" を惹起するトリガーになることはもちろんあり得ますが、大抵の場合において "Single Loop Learning" に精を出しているに過ぎないからです。客観的状況を無視した "Single Loop Learning" になど、対症療法を超えた「最適解」を生み出す力は宿りません。私たちが日常生活や職業生活の中で、しばしば危機感に駆動されて無意識のうちに遂行している "Unlearning" を掘り起こし洗練することによってこそ、私たちは私たちの未来を創造する力を手に入れることができます。私たちと私たちが置かれている今日そして将来の状況に鑑みて、どうしてそれをやらないなんてことがありましょう。大学という場において、"Unlearning" を通じた創造の歓びを経験・享受してこそ、学生も大学も、ひいては日本社会も、創造的な再生を遂げることができるのではないでしょうか。

5．Unlearning を大学の内外へ

　中村先生の手になる第3章は、あたかも先生の回顧録を読んでいるような気分にさせられます。しかし同時に、今日の大学の内外の状況に照らしてむしろ新鮮な印象を受けずにはいられません。1980

年代後半あたりで時代をパタリと折り返した感じと言えばいいでしょうか。大学の内外にシームレスに学びの場が広がっている状況や、学び続ける卒業生の姿に学びのあり方を教えられ触発される様子は、むしろ今後そうした状況をどのようにして意図的に作り出すかを考え具体化していかなくてはならないものだと思います。大学の中では「学習者中心の教育」を提唱し、他方で大学の外では「NPOスクール」の試み、「コーオプ演習」の立ち上げ、「NPOセンター」や「京都創成基金」の設立に取り組まれる。大学院レベルでは「応用人間科学研究科」を設立して、大学院での研究指導に社会的視野を繰り入れようとする。いわば大学の「外」と「内」を往還する営みであり努力と言えるでしょう。フレイレやイリイチなどに学びながら、「学びのコミュニティ」という新機軸を提起されていく。おそらく、ご本人が大学・大学院時代に経験された、大学の内外にシームレスに広がる学びの空間という原体験を、時代的状況とその推移を睨みながら、「"Unlearning"を演出する学びの場」として現出させようとされてきたのだと思います。

　この取り組みは、大学の大衆化が現実のものとなった今日の状況において、改めて真剣に考えられて然るべきものではないかと思います。大学の大衆化状況や、大学教育に対して「質向上」や「質保証」に対する政策的圧力が高まる中で、大学教育がむしろキャンパス内に閉じ、中等教育的管理主義化が進行しつつあるからです。もちろん、大学の「外」と関わりを持てば直ちにそれが"Unlearning"の機会となるわけではありません。むしろそれは例外的で幸福な事態と考えるべきであると思います。しかしそのことを押さえたうえで、大学と学生・院生の「学校化」を解毒し、学生・院生を新たな時代へ向けて準備させるために、大学の「外」にある社会的現実と

の間で連携し、"Unlearning"を経験させることのできる新たな学習環境の構築を目指すことは、高等教育の中等教育化を防止し、むしろその成熟を実現するために、今後大学の重要なミッションとされねばなりません。

「地域貢献」が大学の本体業務に組み入れられ、その地域貢献活動を学生・院生に対する教育・研究指導活動のフィールドとしても活用する大学が増え、事例の蓄積も進む中で、何を以って「地域貢献」とするかがさまざまに検討されてきています。大学の「内」にとっては有益な教育活動となり、大学の「外」に対しては積極的な地域貢献となるような活動とは何か。これらふたつの要請を同時に満たせるものは何か。もう縷々申し述べる必要もないと思いますが、大学の内外に向けて"Unlearning"の機会を提供することであると、考えるところです。大学に学ぶ次世代に対して、人と社会の未来を構想し具体化するInnovationを起動する創造力を解発するために、また他方でいわゆる実社会に生きる人々にも変容と変革を創出するInnovationの可能性を提供するために、"Unlearning"の機会を密度高く提供することだと、私は考えます。先に社会教育と組織学習とをアレンジして新たな社会教育活動を創造するアイデアを披瀝しましたが、改めて、「知の拠点」ではなく「学習の拠点」として大学を位置づけ、大学の内外に広がりを持つ社会教育・生涯教育の新たな展開を生み出す必要があると考える次第です。

さて、幸い、近年"Unlearning"をテーマに据えた著作が公刊されるようになりました。本書は小さな本ですが、"Unlearning"の意義と可能性を知って頂くことにささやかなりとも貢献することができ、読者の皆さんの日々の営みの中にある"Unlearning"の価値を再確認し、また自信にもして頂ければ、これに過ぎる喜びはあり

ません。日々の暮らしの中にある "Unlearning" の営みを、現存し
ているものへの適応の手立てにとどめるのではなく、未来を創造す
る創造力と変革力の源泉として捉え直していただくこと —— それ
がLearning Innovationです —— が、社会的公器としての大学の
存在意義をとらえ直して頂くことにも繋がるからです。

　　最後になりましたが、本書を出版助成の対象としてくださった産
業社会学部産業社会学会と、出版事情の厳しい中で私たちの提案を
世に問う機会を与えてくださった文理閣代表の黒川美富子さんに、
深甚の感謝を申し上げたいと思います。

（景井　充）

文献・資料

朝日新聞、2006 年 12 月 27 日（朝刊）「鶴見俊輔さんと語る　生き死に　学びほ
　　ぐす」、「対談の後考えた　臨床で末期医療見つめ直す」

鶴見俊輔『鶴見俊輔　いつも新しい思想家』河出書房新社、2008 年

鶴見俊輔『教育再定義への試み』岩波書店（岩波現代文庫）、2010 年

鶴見俊輔『新しい風土記へ　鶴見俊輔座談』朝日新聞社（朝日新書）、2010 年

東洋『日本人のしつけと教育』東京大学出版会、1994 年

栗原彬・小森陽太郎・佐藤学・吉見俊哉著『内破する知　身体・言葉・権力を
　　編みなおす』東京大学出版会、2000 年

苅宿俊文・佐伯胖・高木光太郎編『ワークショップと学び 1　まなびを学ぶ』
　　東京大学出版会、2012 年

苅宿俊文・佐伯胖・高木光太郎編『ワークショップと学び 2　場つくりとして
　　の学び』東京大学出版会、2012 年

苅宿俊文・佐伯胖・高木光太郎編『ワークショップと学び 3　学びほぐしのデ
　　ザイン』東京大学出版会、2012 年

パウロ・フレイレ『被抑圧者の教育学 —— 50 周年記念版』亜紀書房、2018
　　年

著者紹介

景井 充（かげい みつる）

　立命館大学産業社会学部教授。一橋大学社会学部卒業。一橋大学大学院社会学研究科博士課程単位取得退学。『危機に対峙する思考』（共編著：梓出版社、2016）。「デュルケム社会学を社会思想として捉えなおす—デュルケム道徳社会学は何を目指したか—」（立命館産業社会論集50、2014）。「フロンティア・デザイン・フォーラム—『クリエイティブ・ローカル』の時代を拓く」（共著：立命館産業社会論集50、2014）。「産業社会学部における「学びの文化Habitus」を創造するために—アメリカ大学学生生活活動調査報告—」（共著：立命館高等教育研究12、2012）。社会学研究を通じて人と社会の創造性と自己変革の可能性を見出すこと、併せてそれを阻害するものの批判的解明と克服をテーマとしている。「ソーシャルイノベーター」を育成することが今後10年の教育課題。

杉野 幹人（すぎの みきと）

　A.T.カーニーマネージャー、東京農工大学特任教授。東京工業大学工学部卒業。INSEAD MBA修了。早稲田大学大学院商学研究科博士課程修了（商学博士）。『超・箇条書き』（ダイヤモンド社、2016）、『使える経営学』（東洋経済新報社、2014）、『会社を変える会議の力』（講談社（新書）、2013）『コンテキスト思考』（共著：東洋経済新報社、2009）。子供たちの時代を明るくするために、日本企業の「高い現場力、低い経営力」という状況を課題と捉え、その克服を目指し、「高い経営力」の実装に拘って企業の変革に邁進中。"Unlearning"はコンサルティングの世界では日常的によく使う言葉三つのひとつに入るとのこと。端的に衝撃！

中村 正（なかむら ただし）

　立命館大学産業社会学部教授。立命館大学法学部卒業。立命館大学大学院社会学研究科博士課程修了。『「男らしさ」からの自由』（かもがわ出版、1996）、『ドメスティック・バイオレンスと家族の病理』（作品社、2001）、『家族の暴力をのりこえる—当事者の視点による非暴力援助論』（共著：かもがわ出版、2002）、『病める関係性—ミクロ社会の病理』（共著、学文社、2005）、『対人援助学の可能性—「助ける科学」の創造と展開』（共著：福村出版、2010）、『犯罪被害者と刑事司法』（共著、岩波書店、2017）、『治療的司法の実践—更生を見据えた刑事弁護のために』（共著、第一法規、2018）など。暴力・虐待をめぐる臨床を独自の社会病理学・社会臨床学に紡ぎあげようとしている研究者・実践家・教育者。「ソーシャルアクティビストを育てたい」という強い願いを込めて今回の企画に参加。

"教育から学習への転換"のその先へ
Unlearning を焦点に大学教育を構想する

2019年3月30日　　第1刷発行

著　者　　景井 充・杉野 幹人・中村 正

発行者　　黒川美富子

発行所　　図書出版　文理閣
京都市下京区七条河原町西南角 〒600-8146
電話 (075) 351-7553　FAX (075) 351-7560
http://www.bunrikaku.com

ⒸM.KAGEI et al. 2019　　　　　ISBN978-4-89259-847-0